찬바람 불 땐,
나베요리

쉽고 빠르고 건강한
나베 요리 레시피!

이와사키 게이코 지음 | 이소영 옮김

WILLSTYLE

시작하며

'나베 요리, 찌개, 전골'이라고 하면 온 가족이 단란하게 둘러앉아 먹는 식사를 떠올리게 됩니다. 하지만 알고 보면 혼자 하는 식사에도 딱 맞는 요리입니다. 회사에서 늦게까지 일하고 저녁식사는 외식이나 인스턴트 식품으로 해결하는 일이 많은 요즘, 자칫하면 영양 균형이 무너지고 몸을 해치게 됩니다.

이 책은 그런 당신을 위해 만들어진 균형 잡힌 영양 레시피입니다. 고기나 해산물, 야채와 밥을 한 번에 섭취할 수 있는 나베 요리는 혼자 사는 사람이나 다이어트 중인 사람에게도 알맞은 메뉴입니다. 바쁜 하루를 보내고 집에 돌아와서도 간단히 만들 수 있도록 냉동보관법을 활용하고, 크게 손질이 필요 없는 재료를 골라 순식간에 만들어 낼 수 있는 레시피를 소개하고 있습니다. 또한 모든 레시피가 1인분 기준이므로, 혼자 살거나 가족과 따로 식사를 하는 경우에도 맛있는 나베 요리를 즐길 수 있도록 했습니다. 바쁘게 사는 독자 여러분의 건강한 식습관 되찾기에 이 책이 작은 도움이 되었으면 합니다.

이와사키 게이코

차례

시작하며 3
당신에게 나베 요리를 권합니다! 6
냉동보관법으로 조리시간은 짧게, 재료는 알뜰하게! 8

COLUMN 1. 나베 요리에 쓰이는 조미료와 향신료 16
COLUMN 2. 나베 요리를 더 맛있게 만드는 수제 양념장 8가지 18
COLUMN 3. 나베 요리를 더 맛있게 즐기는 방법 20

CHAPTER 1
초스피드로 완성되는 5분 나베 레시피

만두 나베	25
돼지고기 숙주 나베	27
닭고기와 무 생강 나베	29
함박스테이크와 토마토스파게티 나베	31
바지락 버섯 나베	33
김치 치즈 나베	35
두부 두유 나베	37
깨 두유 나베	39
포토푀 나베	41
연어와 양배추 수프 나베	43
연어와 버섯 된장 버터 나베	45
참치 브로콜리 나베	47
비엔나소시지와 시금치 카레 나베	49
양배추와 슈마이 찜 나베	51
닭튀김 탕 나베	53
달걀 크림 스튜 나베	55
콘 크림 수프 나베	57
마파두부 나베	59
중화풍 돼지고기 나베	61
야나가와풍 돼지고기 숙주 나베	63
에스닉풍 당면 나베	65

CHAPTER 2
버리는 재료 없는 알뜰 나베 요리

무 나베	69
마늘 된장 나베	71
산라탕 나베	73
순두부 나베	75
카레 간장 나베	77
탄탄 나베	79
양배추롤 나베	81
닭고기 전골 나베	83
닭고기 우엉 나베	85
하리하리 나베	87
닭날개 순무 백숙	89
기리탄포 전골 나베	91
똠양꿍 나베	93
토마토 스튜 나베	95
오징어 양배추 된장 나베	97
양배추 당면 나베	99
양배추와 새우 치즈카레 나베	101
감자와 대구 갈릭오일 나베	103
감자와 고기완자 토마토 나베	105
감자탕 나베	107
소금 창코 나베	109
삼겹살과 배추 밀푀유 나베	111
배추와 가리비 생강 나베	113
돼지고기 샤부샤부 나베	115
양파와 고구마튀김 나베	117
양파와 대구 버터간장 나베	119
대파와 참치 계란 나베	121
대파와 방어 샤부샤부 나베	123
채소 나베	125
당근 전골 나베	127

CHAPTER 3
밤늦게 먹어도 살찌지 않는 건강 나베 요리

닭갈비	131
중화풍 매콤 나베	133
닭날개 삼계탕 나베	135
대구탕 나베	137
참치 파 나베	139
참마 나베	141
닭고기 레몬 에스닉 나베	143
헬시 아히요 나베	145
두부고기 완자 중화 나베	147
내장전골 나베	149
어묵탕 나베	151
후카가와 나베	153
샐러드 샤부샤부 나베	155
닭가슴살 나베	157
버섯 된장 나베	159

CHAPTER 4
냄비 속 작은 사치 & 명품 나베 요리

치즈 크림 퐁듀 나베	163
부이야베스 나베	165
불고기 나베	167
새우와 두부 토마토 중화 나베	169
방어와 새우 해물탕 나베	171
닭 완자 전골 나베	173

칼로리별 찾아보기 174

당신에게 나베 요리를 권합니다!

맛은 물론이고, 생각지도 못한 장점이 넘쳐나는 나베 요리!
그 매력 포인트를 소개합니다.

1 무너지기 쉬운 영양 균형을 바로 잡아 줍니다!

1인분 속에 고기, 생선, 채소, 밥이 다 들어가 균형 잡힌 식사를 할 수 있는 나베 요리. 1인가구가 늘어나 혼자 밥을 먹는 일이 많아진 현대인들은 영양 균형이 무너지기 쉽습니다. 하지만, 나베 요리가 있으면 모든 영양을 고루 섭취할 수 있습니다. 나베 요리 1인분 속에는 고기, 생선, 두부 등의 단백질 100g, 채소 150~200g, 밥 등 탄수화물 약 1공기 분량이 기본적으로 들어갑니다.

2 칼로리가 낮아 밤늦게 먹어도 살찌지 않습니다!

퇴근 후 늦은 저녁을 먹다 보면 살이 찌지는 않을까 걱정이 됩니다. 하지만 버섯, 채소, 두부 등 칼로리가 낮은 재료로 만든 나베 요리는 영양이 풍부하면서도 살이 찌지 않습니다. 건강한 다이어트를 하고 싶다면 나베 요리로 시작해보세요!

버리는 재료 없이 건강하고 맛있는 나베 요리를 만들 수 있습니다!

담백한 국물과 다양한 양념으로 질리지 않습니다!

다양한 양념장을 이용해 같은 나베 요리도 색다른 맛으로 즐길 수 있습니다. 후추나 고춧가루 등 기본양념 외에 여러 나라의 감칠맛 나는 양념장을 곁들이면 매일 먹어도 질리지 않습니다.

바쁘게 사는 당신을 위한 초간단, 초스피드 레시피!

"밤늦게 퇴근하는데 집에서 뭘 해 먹는다고?" 불가능하다고 생각하는 당신이라면 한번 도전해보세요. 냉동보관법(p8~15 참조)을 활용하면 아주 빠르고 간편하게 나베 요리가 완성됩니다. 지쳐서 집에 돌아온 당신의 피로를 말끔히 풀어드립니다!

냉동보관법으로 조리시간은 짧게, 재료는 알뜰하게!

제대로 된 냉동보관법을 익혀두면 평소의 조리시간을 대폭 줄일 수 있습니다.
여유 있는 주말에 재료를 손질해 냉동해두면 평일 요리가 쉬워집니다.

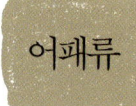

어패류

▦ 토막생선 (연어, 대구, 방어 등)

생선은 반드시 신선할 때 바로 얼려야 한다. 특히 대구는 선도가 빨리 저하되므로 기본적으로 냉동하는 것이 좋다.

1 키친타올로 생선의 물기를 제거한 후, 한 조각씩 랩으로 꽁꽁 싸서 급속냉동●한다.
2 완전히 얼면 보존팩에 넣고 공기를 빼서 밀봉한다.

【해 동 법】 냉장실에서 자연해동 하거나 전자레인지 해동
【보존기간】 냉동실에서 약 3주간 보존 가능

● 냉동고에 '급속냉동' 기능이 없는 경우, 온도를 '강'으로 설정하여 재료를 얼린 후 평소의 온도로 되돌린다. 열전도율이 높은 금속제 용기를 이용하면 어는 속도가 빨라진다.

냉동보관법을 활용하면 빠르고 간편하게 나베 요리를 즐길 수 있습니다!

바지락

바지락은 껍질을 까버리면 상처 입기 쉬우므로 신선할 때 해감을 마치고 껍데기째로 냉동한다.

1 소금물에 담그고 냄비뚜껑 등으로 덮어 어둡게 하여 30분에서 1시간 정도 둔다. 어느 정도 해감이 되었으면 조개껍데기를 서로 비벼가며 씻고 물기를 제거한다. **2** 바지락이 서로 겹치지 않도록 보존팩에 넣고 공기를 뺀 후 급속냉동한다.

【해 동 법】 냉동 상태로 조리
【보존기간】 냉동실에서 약 3주간 보존 가능

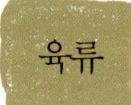

육류

▦ 얇게 썬 고기 (소고기, 돼지고기)

한입 크기로 미리 잘라두면 조리시간이 절약된다.

1 조리 시 편리하도록 한입 크기로 자른다. **2** 랩 위에 고기를 나란히 늘어놓고 딱 맞게 싼 후 급속냉동한다.
3 완전히 얼면 보존팩에 넣고 공기를 빼서 밀봉한다.

【해 동 법】 냉장실에서 자연해동 하거나 전자레인지 해동
【보존기간】 냉동실에서 약 3주간 보존 가능

● 얇게 썬 고기를 대량으로 보관할 때는 고기와 고기 사이에 랩을 깔아가며 싸는 것이 좋다.

▦ 잘게 썬 고기 (소고기, 돼지고기)

덩어리 고기보다 가격이 저렴한 편이므로 넉넉히 사서 1회분씩 나누어 보관하면 좋다.

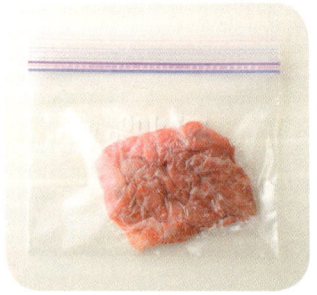

랩 위에 1회분 사용량을 넓게 펼친 후 랩으로 잘 싸서 급속냉동한다.
완전히 얼면 보존팩에 넣고 공기를 빼서 밀봉한다.

【해 동 법】 냉장실에서 자연해동 하거나 전자레인지 해동
【보존기간】 냉동실에서 약 3주간 보존 가능

닭고기 (다리살, 가슴살)

수분이 많은 닭고기는 상하기 쉬우므로 구입 후 바로 냉동하는 것이 좋다. 표면의 물기를 꼼꼼히 제거하는 것이 포인트.

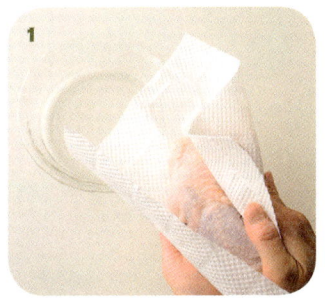
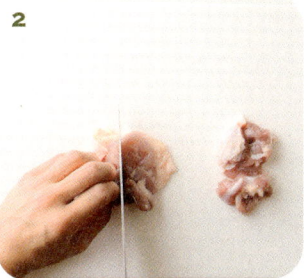

1 키친타올로 닭고기의 수분을 제거한다. **2** 한입 크기로 미리 잘라두면 열이 잘 전달되어 조리시간이 단축된다. **3** 랩 위에 고기를 늘어놓고 꽁꽁 싼 후 급속냉동한다. **4** 완전히 얼면 보존팩에 넣고 공기를 빼서 밀봉한다.

【해 동 법】 냉장실에서 자연해동 하거나 전자레인지 해동
【보존기간】 냉동실에서 약 3주간 보존 가능

가공품 (베이컨, 비엔나소시지 등)

가공식품은 개봉 후 냉동한다. 베이컨은 그대로 냉동하거나 잘라서 냉동하면 된다.

베이컨은 2~3장씩 겹쳐서 랩으로 싸고, 비엔나소시지는 나란히 늘어놓은 후 랩으로 싼다. 각각 급속냉동하여 완전히 얼면 보존팩에 넣고 공기를 빼서 밀봉한다.

【해 동 법】 냉장실이나 실온에서 자연해동 . 또는 냉동 상태로 조리
【보존기간】 냉동실에서 약 3주간 보존 가능

육류

❖ 다진 고기 (소고기, 돼지고기, 닭고기)

신선할 때 바로 냉동한다. 보존팩에 넣어 눈금을 만든 후 얼리면 일일이 나누어 담는 번거로움이 없다.

1 다진 고기를 보존팩에 넣어 공기를 빼며 평평하게 만든 뒤 요리용 긴 젓가락으로 가로세로 선을 넣는다. 2 한 블록이 100g 정도 되도록 나누는 것이 좋으며, 얇고 평평하게 한 상태로 급속냉동한다. 3 눈금에 따라 살짝 꺾으면 간단히 떨어진다. 필요한 만큼만 꺼내어 해동하고 남은 고기는 다시 공기를 빼 밀봉한 후 얼린다.

【해 동 법】 냉장실에서 자연해동 하거나 전자레인지로 해동
【보존기간】 냉동실에서 약 3주간 보존 가능

채소

▚ 푸른 채소류 (청경채, 시금치, 쑥갓 등)

청경채, 시금치, 쑥갓 등 푸른 채소류는 바로 쓰지 않거나 쓰고 남았을 때는 조금씩 나누어 냉동하는 것이 좋다.

1 끓는 물에 소금을 조금 넣고 뿌리 쪽부터 살짝 담갔다 빼는 느낌으로 데친다. 찬물에 헹궈 색 변화를 막고 물기를 제거한다. 2 금속 트레이에 랩을 깔고 먹기 좋은 크기로 자른 채소를 나누어 올린다. 위에도 랩으로 덮고 급속냉동한다.
3 완전히 얼린 후 랩으로 잘 싸서 보존팩에 넣고 공기를 빼서 밀봉한다.

【해 동 법】 전자레인지로 해동하거나 끓는 물에 데쳐서 해동. 또는 냉동 상태로 조리
【보존기간】 냉동실에서 약 3주간 보존 가능

▚ 무

너무 두껍게 썰면 얼렸다 해동했을 때 식감이 좋지 않다. 약간 도톰한 정도로 썰어 얼리는 것이 맛을 유지하는 비결이다.

1 약간 도톰한 두께로 썬 후 금속 트레이 위에 랩을 깔고 무가 겹치지 않도록 잘 펼친다. 위에 랩을 덮어 급속냉동한다. 2 완전히 얼린 후 보존팩에 넣어 팩을 말아가며 공기를 빼서 밀봉한다.

【해 동 법】 실온에서 자연해동 하거나 전자레인지로 해동. 또는 냉동 상태로 조리
【보존기간】 냉동실에서 약 3주간 보존 가능

채소

::: 브로콜리

살짝만 데치는 것이 포인트. 조금씩 나누어 얼려두면 조리가 편해진다.

1 소금을 조금 넣어 끓인 물에 브로콜리를 살짝만 데친다. 찬물에 헹군 후 물기를 빼고, 랩을 깐 금속 트레이 위에 간격을 벌려 올린다. 랩을 다시 덮어 급속냉동한다. **2** 완전히 얼린 후 보존팩에 넣어 공기를 빼서 밀봉한다.

【해 동 법】 실온에서 자연해동 하거나 전자레인지로 해동. 또는 냉동 상태로 조리
【보존기간】 냉동실에서 약 3주간 보존 가능

::: 버섯

물기가 남아 있으면 버섯의 풍미가 떨어지므로 물기를 잘 제거한다. 밑동을 잘라낸 후 조금씩 나누어 냉동한다.

1 한입 크기로 자른 후 랩을 깐 금속 트레이 위에 간격을 벌려 올린다. 랩을 다시 덮어 급속냉동한다. **2** 완전히 얼린 후 보존팩에 넣어 공기를 빼서 밀봉한다.

【해 동 법】 실온에서 자연해동 하거나 전자레인지로 해동. 또는 냉동 상태로 조리
【보존기간】 냉동실에서 약 3주간 보존 가능

밥/면 떡/빵

▦ 밥

밥은 냉장실에 보관하면 수분이 빠지므로 냉동하는 것이 좋다. 전자레인지로 해동하여 먹으면 원래의 맛이 되살아난다.

밥이 완전히 식기 전에 1인분씩 냉동용 보존용기에 담는다.
뚜껑을 덮어 식힌 후 급속냉동한다.

【해 동 법】 전자레인지로 해동
【보존기간】 냉동실에서 약 3주간 보존 가능

▦ 면 (우동, 국수, 중화면)

구입한 상태 그대로 1인분씩 냉동한다. 나베 요리와 함께 먹을 때는 냉동 상태로 조리해도 좋다.

시판되는 상태 그대로 보존팩에 넣어 급속냉동한다. 이미 삶은 면이 남았다면 물기를 제거하고 1인분씩 랩에 평평하게 싸서 급속냉동 후 보존팩에 넣는다.

【해 동 법】 냉동 상태로 끓는 물에 넣어 데친다.
【보존기간】 냉동실에서 약 3주간 보존 가능

▦ 떡

떡은 공기에 닿으면 곰팡이가 생기기 쉬우므로 잘 밀봉하여 냉동하는 것이 좋다.

시판되는 상태 그대로 보존팩에 넣어 급속냉동한다.
이미 개봉한 떡은 랩으로 한 개씩 잘 싸서 급속냉동 후 보존팩에 넣는다.

【해 동 법】 냉동 상태로 굽거나 찐다. 전자레인지로 해동 가능
【보존기간】 냉동실에서 약 3주간 보존 가능

▦ 빵

밥과 마찬가지로 빵도 냉장보다 냉동보관이 적합하다. 해동할 필요 없이 냉동 상태로 토스터 등에 구워 먹는다.

1장씩 랩으로 잘 싸서 급속냉동한다. 완전히 얼면 보존팩에 넣는다.

【해 동 법】 냉동 상태에서 토스터기로 굽거나 실온에서 자연해동
【보존기간】 냉동실에서 약 3주간 보존 가능

COLUMN 1

나베 요리에 쓰이는 조미료와 향신료

나베 요리의 맛과 향을 살리는 조미료와 향신료를 소개합니다.
기본적인 활용 외에도 자기만의 맛으로 조합해보세요.

일본풍

1 고추를 발효시킨 〈간즈리〉는 홍고추, 유자, 소금, 누룩 등을 원료로 한 조미료. 백숙이나 내장 전골 등에 매운맛을 더할 때 쓴다. 2 〈산초 가루〉는 시원한 향과 혀끝을 자극하는 매운맛이 특징이다. 해산물이 들어간 나베 요리에 곁들이면 맛이 개운해진다. 3 유자 껍질에 고춧가루와 소금을 더해 만든 〈유자후추〉는 육류, 어패류 등 모든 나베 요리에 잘 어울리는 만능 조미료. 4 고추, 참깨, 김 등의 7가지 양념을 조화롭게 섞어 만든 향신료 〈시치미(七味)〉는 일본풍 나베 요리에 빠질 수 없는 재료. 5 유자즙, 간장, 다시마 등을 주재료로 한 〈폰즈〉는 그대로 국물에 넣어 먹어도 좋고, 마요네즈나 참기름과 조합하여 응용 양념으로 쓰기도 좋다.

서양풍

1 〈발사믹 식초〉는 토마토 베이스의 국물 요리에 넣으면 새콤달콤함이 더해져서 맛이 한층 좋아진다. 폰즈에 살짝 넣어 먹는 것도 추천한다. 2 〈홀그레인 머스터드〉는 포토푀 등의 서양풍 나베 요리는 물론, 어묵 요리에도 잘 어울린다. 3 독특한 매운맛과 산미가 있는 〈타바스코〉는 토마토를 베이스로 한 요리에 뿌리면 맛을 깔끔하게 정리해준다. 4 〈바질 소스〉는 요구르트나 마요네즈와 섞어 양념장으로 쓰거나, 서양풍 나베 요리의 조림 국물에 넣어도 좋다.

나라별 양념

1 태국 조미료인 〈넘플라〉는 잔물고기를 소금에 절여서 발효시킨 생선 간장의 일종으로 이국적인 맛의 대표 조미료. 나베 요리에도 살짝 넣으면 감칠맛을 살려준다. 2 〈스위트칠리 소스〉는 돼지고기 샤부샤부, 백숙 등을 찍어 먹는 양념장으로 좋다. 3 매콤달콤한 맛이 일품인 〈고추장〉. 닭갈비 등 한국식 나베 요리에 사용한다. 4 홍고추를 숙성하여 만든 〈두반장〉은 중화풍 나베 요리의 필수 조미료.

COLUMN 2

나베 요리를 더 맛있게 만드는 수제 양념장 8가지

매일 비슷한 양념과 국물에 질린다면 수제 양념장으로 요리의 맛을 확 바꿔보세요!
기본 아이템인 폰즈 베이스 양념에서부터 다양한 조합의 양념을 소개합니다.

고소하고 크리미한 맛! 철판 요리 양념으로 좋은 마요 폰즈

101 KCAL

- 재료 : 폰즈(2큰술), 마요네즈(1큰술)
- 만드는 법 : 그릇에 모든 재료를 넣고 잘 섞어준다.
- 어울리는 요리 : 닭날개 순무 백숙(p89), 대구탕(p137), 돼지고기 샤부샤부(p115) 등

참기름과 마늘향의 조화 마늘 폰즈

57 KCAL

- 재료 : 마늘(1/2쪽), 참기름(1/2작은술), 폰즈(3큰술)
- 만드는 법 : 마늘은 큼직하게 다진다. 프라이팬에 참기름과 마늘을 넣고 볶다가 마늘에 갈색이 나면 폰즈와 섞어준다.
- 어울리는 요리 : 대파와 방어 샤부샤부(p123), 돼지고기 샤부샤부(p115), 데친 두부 등

상큼한 레몬향이 입안에 퍼지는 레몬 간장

41 KCAL

- 재료 : 슬라이스 레몬(1장), 간장(2큰술), 식초(1작은술), 맛술(1작은술)
- 만드는 법 : 슬라이스 레몬을 작게 썰어 나머지 재료와 잘 섞는다.
- 어울리는 요리 : 대파와 방어 샤부샤부(p123), 방어와 새우 해물탕 나베(p171), 데친 두부, 어패류 찌개 등

매콤한 두반장과 향채소가 어우러진 중화풍 양념

46 KCAL

- 재료 : 간장(2큰술), 참기름(1/2작은술), 두반장(1/4작은술), 대파 다진 것(1/4작은술), 흰 통깨(약간)
- 만드는 법 : 그릇에 모든 재료를 넣고 잘 섞어준다.
- 어울리는 요리 : 닭날개 순무 백숙(p89), 대구탕(p137), 생선구이, 냉두부, 닭찜 등

매콤달콤한 고추장의 감칠맛 고추장 양념장

73 KCAL

- 재료 : 간장(2큰술), 고추장(1작은술), 참기름(1/2작은술), 설탕(1/4작은술), 깨 간 것(1/2작은술), 대파 다진 것(1/2작은술), 마늘 다진 것(약간)
- 만드는 법 : 그릇에 모든 재료를 넣고 잘 섞어준다.
- 어울리는 요리 : 돼지고기 샤부샤부(p115), 데친 두부, 물만두, 고기구이, 생선구이 등

직접 만들어 더 맛있는 참깨 소스

145 KCAL

- 재료 : 깨 간 것(1큰술), 설탕(1작은술), 간장(1과 1/2큰술), 식초(1작은술), 고추기름(약간)
- 만드는 법 : 그릇에 깨와 설탕을 넣고 간장을 조금씩 넣어가며 섞는다. 식초, 고추기름까지 넣어 잘 섞어주면 완성.
- 어울리는 요리 : 샐러드 샤부샤부(p155), 대구탕(p137), 냉두부 등

대파와 생강의 향이 식욕을 돋우는 파 소금 양념

153 KCAL

- 재료 : 대파 다진 것(2큰술), 생강 다진 것(약간), 참기름(4작은술), 소금(1/6작은술), 후추(약간)
- 만드는 법 : 그릇에 모든 재료를 넣고 잘 섞어준다.
- 어울리는 요리 : 대파와 방어 샤부샤부(p123), 데친 두부, 고기구이, 흰살생선회, 닭찜, 생선구이 등

넘플라의 감칠맛과 레몬의 산미를 함께 즐기는 이국풍 양념

45 KCAL

- 재료 : 레몬즙(2작은술), 넘플라(1작은술), 설탕(1큰술), 두반장(1작은술)
- 만드는 법 : 그릇에 모든 재료를 넣고 잘 섞어준다.
- 어울리는 요리 : 닭날개 순무 백숙(p89), 돼지고기 샤부샤부(p115), 월남쌈 등

COLUMN 3

나베 요리를 더 맛있게 즐기는 방법

나베 요리의 백미는 건더기를 건져 먹고 남은 국물에 면을 넣어 먹거나 죽을 만들어 먹는 것! 떡이나 빵을 곁들여도 좋습니다. 맛은 물론이고, 든든한 한 끼로도 손색이 없습니다.

생면

생면을 넣어 잘 풀어가며 익힌다.

죽

건더기를 적당히 먹은 후 밥을 넣어 잡탕죽을 끓인다.

우동

건더기를 적당히 먹은 후 데친 우동(또는 냉동 우동)을 넣어 익힌다.

■■ 리소토

남은 국물에 밥을 넣어 끓이다가 파르메산 치즈를 추가하면 리소토풍 식사가 완성된다.

■■ 소면

데친 소면을 국물에 넣어 살짝 끓여 먹는다.

■■ 떡

남은 국물에 떡을 넣고 살짝 익혀 먹는다.

CHAPTER 1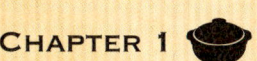

초스피드로 완성되는 5분 나베 레시피

냉동식품과 통조림 등을 잘 활용하여 5분 만에 준비되는 초간단, 초스피드 나베 요리를 소개합니다. 바쁜 일상과 잦은 야근으로 식사는 대충 해결하는 당신에게 안성맞춤 한 끼! 지친 몸에 부드럽게 스며드는 놀라운 맛의 나베 요리 레시피를 소개합니다.

302 Kcal

{ 만두 나베 }

냉동만두가 주인공인 간단 국물 요리.
마무리로 고추기름을 살짝 뿌려 먹으면 더 맛있다.

|재료|

만두 (냉동) — 6개
야채 (시판 야채믹스*) — 1/2봉지

A | 물 — 2컵
   | 다시다** — 1/2작은술

간장 — 1과 1/2작은술
소금 — 1/3 작은술
후추 — 약간
고추기름 — 적당량

* 시간 절약을 위해 마트에서 판매하는 손질된 야채믹스를 사용했다. 미리 얼려둔 야채가 있으면 입맛에 맞게 골고루 넣어주면 된다.

** 육수가 준비되어 있지 않은 경우, 시판용 다시다를 사용해도 좋다.

|조리법|

1. 냄비에 A를 넣고 가열하다가 물이 끓어오르면 간장, 소금, 후추로 간을 하고 해동하지 않은 냉동만두를 넣는다.
2. 다시 끓어오르면 채소를 넣고 뚜껑을 덮어 약불로 4~5분간 익힌다. 입맛에 따라 고추기름을 더해서 먹는다.

POINT
일반 만두 대신 슈마이(사오마이)***를 사용해도 좋다.

*** 다진 돼지고기에 파나 양파 다진 것을 섞어 얇은 밀가루 반죽에 싸서 찐 중국식 만두. 새우나 말린 조개 다진 것을 섞어서 만들면 더욱 맛이 좋다.

355 KCAL

{ 돼지고기 숙주 나베 }

짭짤한 채소 절임인 자차이와 부드러운 돼지고기의 절묘한 궁합!
참기름의 고소한 향이 식욕을 돋우는 일품요리.

| 재료 |

돼지고기 (샤부샤부용, 냉동, p10 참조) — 100g
숙주 — 200g
자차이* — 30g

A | 물 — 2와 1/2컵
　 | 간장 — 1작은술
　 | 참기름 — 1작은술
　 | 소금 — 1/3작은술
　 | 후추 — 약간

* 채소의 일종인 착채를 절여서 만든 중국식 반찬. 중국요리점에서 밑반찬으로 인기가 높으며, 우리나라 오이지 무침과 비슷하다. '짜사이'라고도 한다.

| 조리법 |

냄비에 A를 넣고 가열하다가 물이 끓어오르면 해동한 돼지고기, 숙주, 자차이를 넣는다. 다시 끓어오르면 약불로 줄이고 10분 정도 더 익힌다.

| 함께 먹으면 좋아요! |

생면을 넣어 잘 풀어가며 익힌다.
입맛에 따라 후추를 뿌려 먹는다.

232 KCAL

{ 닭고기와 무 생강 나베 }

국물 요리에 닭고기를 넣으면 감칠맛이 우러나온다.
생강을 더해 맛이 개운하며, 추운 날 몸을 따뜻하게 데워준다.

| 재료 |

닭다리살 (냉동, p11 참조) — 1/2개
무 (냉동, p13 참조) — 100g
생강 (다진 것) — 약간
양상추 — 3장

A | 물 — 2컵
  | 술 — 2작은술
  | 소금 — 2/3작은술

| 조리법 |

1. 냄비에 **A**를 넣고 가열하다가 물이 끓어오르면 해동한 닭고기, 무, 생강을 넣고 뚜껑을 덮는다.

2. 다시 끓어오르면 약불로 10분 정도 익힌 후 손으로 찢은 양상추를 넣어 살짝 더 끓여낸다.

| 함께 먹으면 좋아요! |

건더기를 적당히 먹은 후 밥을 넣어 잡탕죽을 끓인다. 이때 다진 생강을 더 첨가해도 좋다.

{ 함박스테이크와 토마토스파게티 나베 }

냉동 함박스테이크와 냉동 브로콜리로 만드는 간단한 서양풍 나베 요리. 새콤한 토마토와 달콤한 케첩이 어우러져 맛있는 토마토 스튜 느낌이 난다.

|재료|

스파게티 면 — 80g
미니 함박스테이크 (냉동) — 5개
브로콜리 (냉동, p14 참조) — 100g

A | 토마토 (통조림) — 100g
  | 물 — 1과 1/2컵
  | 콩소메(고형)* — 1/4개
  | 케첩 — 1큰술

* 콩소메는 맑은 고깃국물 형태의 수프로, 진하게 끓여낸 콩소메를 차갑게 굳힌 고형 스톡을 마트에서 구입할 수 있다.

소금 — 1/3작은술
후추 — 약간
올리브유 — 1작은술

|조리법|

1. 냄비에 A를 넣고 가열하다가 국물이 끓어오르면 스파게티 면을 반으로 접어 넣는다. 다시 끓어오르기 시작하면 5분 정도 삶는다.
2. 센불로 올리고 냉동 함박스테이크, 브로콜리를 넣고 다시 끓어오르면 약불로 낮춰 5분간 익힌다. 소금, 후추, 올리브유로 간을 한다.

POINT
나베 요리에 스파게티 면을 넣어 요리하면 간편한 한 끼가 완성된다.

77 KCAL

{ 바지락 버섯 나베 }

바지락, 버섯, 양배추가 만나 탄생한 건강 요리.
마늘 향이 어우러진 바지락 육수가 깊고도 시원한 맛을 낸다.

|재 료|

바지락 (냉동, p9 참조) — 200g
버섯 (냉동, p14 참조) — 80g
양배추 — 2장

A | 물 — 2컵
　 | 마늘 (다진 것) — 약간
　 | 술 — 1큰술
　 | 간장 — 2작은술
　 | 소금 — 1/4작은술

|조 리 법|

냄비에 A와 냉동 바지락을 넣고 익히다가 물이 끓어오르면 냉동 버섯, 손으로 찢은 양배추를 넣고 뚜껑을 덮어 중불에서 10분간 익힌다.

POINT
너무 오래 익히면 바지락 살이 오그라들므로 주의한다.

|함께 먹으면 좋아요!|
스파게티, 우동, 밥

353 KCAL

{ 김치 치즈 나베 }

돼지고기, 김치, 숙주만으로 깔끔하게 즐기는 김치 나베.
마지막에 슬라이스 치즈 한 장을 얹어 고소한 맛을 즐겨보자.

| 재료 |

돼지고기 삼겹살 (얇게 썬 것, 냉동, p10 참조) — 50g
김치 — 80g
숙주 — 200g
참기름 — 1작은술

A | 물 — 2컵
　　　간장 — 1과 1/2작은술

슬라이스 치즈 — 1장

| 조리법 |

1. 냄비에 참기름을 두르고 해동한 돼지고기와 김치를 볶는다. 고기 색이 변하면 숙주와 **A**를 넣고 끓어오르면 약불로 5분 정도 익힌다.
2. 마무리로 슬라이스 치즈를 올린다.

POINT
참기름에 돼지고기와 김치를 잘 볶는 것이 맛있는 김치 나베의 비결!

| 함께 먹으면 좋아요! |

적당히 건더기를 먹은 후 데친 우동(또는 냉동 우동)을 넣고 익힌 후 계란을 떨어뜨린다.

{ 두부 두유 나베 }

고소한 두유에 두부, 표고버섯, 양상추를 넣어 맛도 좋고 몸에도 좋은 나베.
'식물성 에스트로겐'으로 불리는 이소플라본이 풍부해 피부건강에 좋다.

| 재료 |

두부 — 1/2모
표고버섯 (냉동, p14 참조) — 2개분

A | 육수 — 1컵
　 | 두유 (무첨가) — 1컵

소금 — 1/2작은술
간장 — 1작은술
양상추 — 3장

| 조리법 |

1. 냄비에 A를 넣고 가열하다가 국물이 끓어오르면 두부와 냉동 표고버섯을 넣고 익힌다. 다시 끓어오르면 약불로 5분간 더 익힌다.
2. 소금과 간장으로 간을 하고, 손으로 찢은 양상추를 넣어 조금 더 익힌다.

POINT
두유는 설탕 등이 들어있지 않은 무첨가 제품으로 고른다.

| 함께 먹으면 좋아요! |

밥, 우동

631 KCAL

{ 깨 두유 나베 }

두유 국물에 깨를 듬뿍 갈아 넣어 부드럽고 진한 맛의 나베를 만들어보자.
양배추와 시금치를 더해 영양도 풍부하고 보기에도 먹음직스럽다.

| 재료 |

돼지고기 삼겹살 (얇게 썬 것, 냉동, p10 참조) — 100g
시금치 (냉동, p13 참조) — 50g
양배추 — 2장

A | 육수 — 1/2컵
　| 두유 (무첨가) — 1과 1/2컵

깨 (간 것) — 1큰술
간장 — 2작은술
소금 — 1/4작은술

| 조리법 |

1. 냄비에 A를 넣고 가열하다가 국물이 끓어오르면 해동한 돼지고기, 시금치, 손으로 찢은 양배추를 넣는다. 다시 끓어오르면 약불로 5분간 익힌다.
2. 깨, 간장, 소금을 넣어 맛을 더한다.

| 함께 먹으면 좋아요! |

밥, 우동

268
KCAL

{ 포토푀* 나베 }

깔끔한 맛의 콩소메 국물에 닭고기와 채소에서 우러나온 육수가
더욱 깊은 맛을 낸다. 닭고기 대신 고기 완자를 넣어도 맛있다.

| 재료 |

닭다리살 (냉동, p11 참조) — 1/2개
방울토마토 — 6개
양배추 — 3장

A | 물 — 3컵
　| 콩소메(고형) — 1/2개
　| 소금 — 1/2작은술
　| 후추 — 약간

* 포토푀(Pot-au-feu), 고기와 당근, 순무, 파, 양파 등을 삶은 프랑스의 수프 요리

| 조리법 |

1. 닭고기를 해동하고 방울토마토는 꼭지를 뗀다.
2. 냄비에 A를 넣고 가열하다가 국물이 끓어오르면 닭고기와 손으로 찢은 양배추를 넣어 뚜껑을 덮어둔다. 다시 끓어오르면 약불에서 15분간 익힌다.
3. 방울토마토를 넣고 조금 더 익힌다.

| 함께 먹으면 좋아요! |

밥, 스파게티

279 KCAL

{ 연어와 양배추 수프 나베 }

달큼한 양배추와 기름이 오른 연어는 환상의 궁합!
마무리는 밥과 파르메산 치즈를 넣어 리소토풍으로 만들어 보자.

| 재료 |

생연어 (냉동, p8 참조) — 1토막
소금·후추 — 약간
양배추 — 2장
새송이버섯 (냉동, p14 참조) — 1개분

A 물 — 2컵
   콩소메 (고형) — 1/2개
   소금 — 1/2작은술
   후추 — 약간

월계수 잎 — 1장
화이트와인 — 2큰술

| 조리법 |

1. 해동한 연어의 양면에 소금과 후추로 밑간한다. 양배추는 손으로 찢어둔다.
2. 냄비에 A와 월계수 잎을 넣고 가열하다가 물이 끓어오르면 1의 연어와 양배추, 버섯, 화이트와인을 넣는다. 다시 끓어오르면 약불로 10분 정도 끓인다.

POINT
바질페스토를 곁들여 먹어도 맛있다!

| 함께 먹으면 좋아요! |

남은 국물에 밥을 넣어 끓이다가 파르메산 치즈를 추가하면 리소토풍 식사가 완성된다.

410 KCAL

{ 연어와 버섯 된장 버터 나베 }

일본식 미소된장의 향과 연어가 잘 어우러진 국물 요리.
마무리로 버터를 조금 넣어 맛에 깊이와 부드러움을 더해보자.

| 재 료 |

생연어 (냉동, p8 참조) ― 1토막
야채 (시판 야채믹스) ― 적당량
만가닥버섯 · 표고버섯 (냉동, p14 참조) ― 합해서 100g
물 ― 2컵
미소된장 ― 2큰술
쑥갓 ― 4줄기 (생략 가능)
버터 ― 2작은술

| 조리법 |

1. 냄비에 물을 끓인 후 해동하여 반으로 자른 연어와 야채를 넣고 버섯은 얼린 채로 넣는다. 물이 다시 끓어오르면 연어가 익을 때까지 약불에서 끓인다.
2. 미소된장을 풀고 쑥갓, 버터를 넣어 한 번 더 끓인다.

| 함께 먹으면 좋아요! |

남은 국물에 구운 떡을 넣고 살짝 익혀낸다. 입맛에 맞게 고춧가루를 더해도 좋다.

243 KCAL

{ 참치 브로콜리 나베 }

질 좋은 참치를 쓰면 차원이 다른 맛의 일품요리가 완성되는 레시피.
유자후추로 매콤한 향을 더하면 색다른 맛을 즐길 수 있다.

|재료|

만가닥버섯·표고버섯 (냉동, p14 참조) — 합해서 60g
브로콜리 (냉동, p14 참조) — 100g
참치 — 작은 것 1캔
샐러드 야채 (양상추 등) — 적당량

A | 물 — 2컵
  | 간장 — 2작은술

유자후추 — 약간

|조리법|

1. 냄비에 **A**를 넣고 가열하다가 냉동된 버섯과 브로콜리를 넣고 다시 끓어오르면 약불로 낮추어 4~5분간 익힌다.
2. 기름을 제거한 캔 참치, 샐러드 야채, 유자후추를 더해서 가볍게 끓여낸다.

|함께 먹으면 좋아요!|

데친 소면을 국물에 넣어 살짝 끓여 먹는다.

398 KCAL

{ 비엔나소시지와 시금치 카레 나베 }

카레 루를 활용한 간단 레시피. 가공식품인 비엔나소시지는
냉동하면 오래 보관할 수 있어 나베 요리에 유용한 재료다.

| 재료 |

시금치 (냉동, p13 참조) — 100g
만가닥버섯 (냉동, p14 참조) — 80g
비엔나소시지 (냉동, p11 참조) — 4개
방울토마토 — 4개
물 — 2컵
카레 루 — 30g
소금·후추 — 약간

| 조리법 |

1. 끓는 물에 카레 루를 녹인 후 소금과 후추로 간을 한다.
2. 냉동 상태의 시금치, 버섯, 비엔나소시지를 넣고 다시 끓어오르면 약불로 낮춰 5분 정도 익힌다. 꼭지를 뗀 방울토마토를 넣고 조금 더 익혀 마무리한다.

| 함께 먹으면 좋아요! |

밥, 우동, 스파게티

{ 양배추와 슈마이 찜 나베 }

양배추를 바닥에 깐 후 냉동 슈마이를 올려 찜기로 쪄내는 간단 요리.
겨자를 푼 폰즈에 찍어 먹는다.

| 재료 |

양배추 — 2장
슈마이 (냉동) — 8개 (크기에 따라 적당량)
폰즈 — 적당량
겨자 — 적당량

| 조리법 |

1. 증기가 올라오는 찜기에 양배추를 깔고 그 위에 냉동 슈마이를 올린 후 뚜껑을 덮는다. 중불에서 10분간 찐다.
2. 겨자를 푼 폰즈에 찍어 먹는다.

POINT
찜기가 없는 경우에는 일반적인 냄비나 후라이팬을 사용해도 좋다. 내열 용기에 양배추를 깔고 슈마이를 올린 후 냄비나 후라이팬에 넣고, 내열 용기가 잠기지 않을 정도의 물을 냄비에 부어 뚜껑을 덮어서 찐다.

251 KCAL

{ 닭튀김 탕 나베 }

냉동 닭튀김을 냄비에 넣어 익히는 독특한 아이디어 레시피!
육수가 스며든 닭튀김과 사박사박한 무의 식감에 중독된다.

| 재료 |

닭튀김 (냉동) — 4개
무 (냉동, p13 참조) — 100g
물 — 2컵
간장 — 1작은술
소금 — 1/3작은술
후추 — 약간

| 조리법 |

1. 냄비에 물을 끓인 후 간장, 소금, 후추, 냉동 닭튀김과 무를 넣는다.
2. 끓어오르면 뚜껑을 덮고 약불로 10분간 익힌다.

POINT
집에서 치킨을 시켜 먹고 남은 것을 얼려 두었다 사용해도 좋다.

| 함께 먹으면 좋아요! |

우동

493 KCAL

{ 달걀 크림 스튜 나베 }

손이 많이 가는 크림 스튜도 냉동재료를 쓰면 쉽고 빠르게 만들 수 있다.
계란노른자를 터트려 풀어가며 먹는 맛이 일품이다.

|재료|

해산물 믹스*(냉동) ― 100g
샐러드 야채** ― 1팩
버터 ― 1큰술
박력분 ― 1큰술

A | 우유 ― 1과 1/2컵
  | 물 ― 1/2컵
  | 콩소메 (고형) ― 1/4개

소금·후추 ― 약간   만가닥버섯 (냉동, p14 참조) ― 80g
달걀 ― 1개

* 마트에서 판매하는 냉동 해산물 믹스를 사용한다.
** 씻어서 나온 샐러드용 야채 팩을 사용하면 간편하다.

|조리법|

1. 해산물 믹스는 흐르는 물에 살짝 씻고, 샐러드 야채는 크게 찢어놓는다. 내열 용기에 버터와 박력분을 넣고 전자레인지에 30초간 가열한 후 잘 섞어둔다.
2. 냄비에 A를 넣고 가열하다가 국물이 끓어오르면 1의 버터와 박력분 섞은 것을 넣어 점성이 생기게 해준다. 소금과 후추로 간을 한다.
3. 해산물 믹스, 냉동 버섯을 넣고 다시 끓어오르면 약불로 줄여 5분간 익힌다. 달걀과 샐러드 야채를 넣고 달걀이 어느 정도 익을 때까지 끓인다.

POINT
전자레인지에 녹인 버터와 박력분을 잘 섞어두어야 냄비에 넣었을 때 덩어리지지 않는다.

|함께 먹으면 좋아요!|

밥, 스파게티, 빵

335
KCAL

{ 콘 크림 수프 나베 }

담백한 대구살과 감칠맛 나는 크림 콘의 조화가 절묘하다.
마무리로 후추를 살짝 뿌려주면 재료의 맛이 잘 정리된다.

| 재료 |

생대구 (냉동, p8 참조) — 1토막
소금·후추 — 약간

A │ 우유 — 1컵
　│ 물 — 1/2컵
　│ 크림 콘 (통조림) — 100g

브로콜리 (냉동, p14 참조) — 100g
소금 — 1/5작은술
후추 — 약간

| 조리법 |

1. 해동한 대구살은 반으로 잘라 소금과 후추로 밑간한다.
2. 냄비에 A를 넣고 가열하다가 끓어오르면 준비해 둔 1의 대구와 냉동 브로콜리를 넣고 뚜껑을 덮어둔다. 다시 끓어오르면 약불로 5분 정도 익힌 후 소금, 후추로 마무리한다.

| 함께 먹으면 좋아요! |

밥, 스파게티

412 Kcal

{ 마파두부 나베 }

두부의 부드럽고도 매끈한 식감과 두반장 소스의 자극적인 매운맛이
어우러져 질리지 않고 한 그릇 뚝딱 하게 되는 레시피.

|재료|

돼지고기 (다진 것, 냉동, p12 참조) — 100g
마늘 (다진 것) — 약간
두반장 — 1/4작은술
참기름 — 1작은술

A | 물 — 1컵
　| 간장 — 2작은술
　| 다시다 — 1/4작은술
　| 후추 — 약간

소송채 (냉동, p13 참조. 청경채, 시금치 등으로 대체 가능) — 100g
두부 — 1/2모　　　　녹말 — 2작은술　　　　물 — 4작은술

|조리법|

1. 냄비에 참기름을 두르고 달군 후 마늘, 두반장, 해동한 돼지고기를 넣고 볶다가 향이 올라오면 **A**를 넣고 끓인다.
2. 냉동 소송채와 두부를 넣는다. 두부는 숟가락을 사용해 한입 크기로 떠서 넣고, 물이 끓어오르면 약불로 낮추어 3~4분간 더 익힌다.
3. 녹말을 물(4작은술)에 풀어 **2**에 넣고 저어서 점성이 생기게 한다.

POINT
두부를 칼로 썰지 않고 숟가락으로 떠서 넣으면 국물맛이 더 잘 스며든다.

|함께 먹으면 좋아요!|

생면, 밥

{ 중화풍 돼지고기 나베 }

가격이 비교적 저렴한 돼지고기는 나베 요리 재료로 활용하기 좋다.
중화풍 국물에 참기름과 굴소스를 더해 감칠맛과 풍미가 깊은 나베 요리.

| 재료 |

돼지고기 (얇게 썬 것, 냉동, p10 참조) ― 100g
소송채 (냉동, p13 참조. 청경채, 시금치 등으로 대체 가능) ― 100g
표고버섯 (4등분하여 냉동한 것) ― 2개분
참기름 ― 1작은술

A | 물 ― 2컵
　　간장 ― 1큰술
　　굴소스 ― 1작은술
　　다시다 ― 1/4작은술
　　후추 ― 약간

| 조리법 |

1. 돼지고기를 해동한다.
2. 냄비에 참기름을 두르고 고기를 넣어 가볍게 볶는다. A를 넣고 끓이다가 물이 끓어오르면 냉동 소송채와 표고버섯을 넣고, 다시 한 번 끓어오르면 약불로 낮추어 5분간 익힌다.

POINT
돼지고기, 표고버섯, 소송채를 각각 얼려두면 남아서 버리는 재료가 없고 조리 시간도 크게 단축할 수 있다.

| 함께 먹으면 좋아요! |

생면, 우동, 밥

294 KCAL

{ 야나가와*풍 돼지고기 숙주 나베 }

돼지고기와 숙주를 몽글몽글한 반숙 계란으로 덮어 야나가와풍으로
완성했다. 약간 단맛의 양념으로 밥과 잘 어울리는 국물 요리.

|재료|

돼지고기 (얇게 썬 것, 냉동, p10 참조) — 100g
숙주 — 100g

A
육수 — 1/2컵
간장 — 2작은술
설탕 — 1/2작은술
소금 — 약간

* 뼈를 발라낸 미꾸라지와 우엉을 넣고 질 냄비에 끓여 달걀을 풀어 얹은 요리

|조리법|

1. 냄비에 **A**를 넣고 가열하다가 국물이 끓어오르면 냉동 돼지고기와 숙주를 넣은 후 고기가 익을 때까지 기다린다.
2. 미리 풀어놓은 계란을 두른 후 가볍게 저어 반숙이 되면 불을 끈다.

POINT
밥 위에 올려 야나가와풍 덮밥으로 먹어도 OK!

344 Kcal

{ 에스닉풍 당면 나베 }

넘플라의 독특한 풍미와 홍고추의 매콤함이 포인트가 되는 당면 나베.
브로콜리와 옥수수의 선명한 색감이 눈을 즐겁게 한다.

|재료|

당면 — 20g
옥수수 (냉동) — 40g
닭다리살 (냉동, p11 참조) — 1/2개
넘플라 — 1큰술
홍고추 — 1개
브로콜리 (냉동 p.14) — 80g
물 — 2와 1/2컵

|조리법|

1. 당면은 흐르는 물에 살짝 씻어둔다.
2. 냄비에 물을 넣고 가열하다가 물이 끓어오르면 **1**의 당면, 옥수수, 해동한 닭다리살, 넘플라, 홍고추를 넣고, 다시 끓어오르면 약불에서 10분간 익혀준다.
3. 냉동 브로콜리를 넣고 5분 정도 더 끓인다.

POINT
매운 것을 잘 못 먹는 사람은 홍고추를 절반만 넣는다.

|함께 먹으면 좋아요!|

떡, 생면, 밥, 소면

- 활용재료 1. **얇게 썬 돼지고기**
  저렴하고 쉽게 살 수 있는 돼지고기는 나베 요리의 단골 재료!
  한 끼 분량으로 나누어 냉동보관하면 편리하게 쓸 수 있다.

- 활용재료 2. **돼지고기 삼겹살**
  나베 요리에 활용하면 감칠맛이 더해지는 삼겹살. 잘 익을 수 있도록 얇게 썰어 요리하는 것이 좋다.

- 활용재료 3. **다진 고기**
  여러 요리에 활용할 수 있는 유용한 재료. 한 끼 분량으로 나누어 얼려두자.

- 활용재료 4. **닭다리살**
  닭고기는 역시 가슴보다 다리 살이 맛있다. 냉동해둔 닭다리살을 활용해 감칠맛이 일품인 요리를 만들어보자.

- 활용재료 5. **닭날개**
  손질이 거의 필요 없는 닭날개는 요리에 쓰기 편하고 맛도 좋은 재료다.

- 활용재료 6. **비엔나소시지**
  보존 기간이 길어 1인가구의 든든한 음식재료. 냉동보관하면 더 오래 먹을 수 있다.

- 활용재료 7. **양배추**
  활용법이 다양해 나베 요리 재료로 대활약하는 양배추.
  잎이 마르지 않도록 비닐로 밀봉하여 야채실에 보관하는 것이 좋다.

- 활용재료 8. **감자**
  고기나 해산물 요리에 감자를 더하면 요리가 풍성해진다.
  보관 온도가 높으면 싹이 나므로 비닐팩에 넣어 냉장실에 보관하는 것이 가장 좋다.

- 활용재료 9. **배추**
  국물 요리에 가장 잘 어울리는 채소인 배추. 잎이 마르지 않도록 비닐팩에 밀봉하여 야채실에 보관한다.

- 활용재료 10. **양파**
  양파는 칼로 자른 면부터 상하기 시작하므로 랩으로 꽁꽁 싸서 냉장보관한다.

- 활용재료 11. **대파**
  나베 요리의 만능재료인 대파.
  쓰고 남은 대파는 초록색 부분과 흰색 부분으로 나누어 담아 냉장보관한다.

- 활용재료 12. **당근**
  냉장고 구석에 남아 있는 당근 토막은 찌개 요리에 넣어서 깔끔하게 먹어치우자.
  남은 당근을 보관할 때는 랩으로 꽁꽁 싸서 야채실보다 온도가 낮은 냉장실에 보관하자.

CHAPTER 2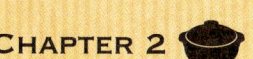

버리는 재료 없는 알뜰 나베 요리

1인가구나 가족 수가 적은 집은 돼지고기 한 팩을 사도 며칠 동안 먹게 되고, 양배추 반 통도 다 못 먹고 버리게 마련입니다. 이번 장에서는 냉장고에 남아돌기 쉬운 음식재료를 2~3회에 나누어 현명하게 활용하는 레시피를 소개합니다.

모든 레시피는 1인분 기준

활용재료 1

얇게 썬
돼지고기

241
KCAL

{ 무나베 }

경수채와 강판에 간 무는 마지막에 넣어 살짝만 익히는 것이 포인트.
무를 듬뿍 넣으면 돼지고기의 느끼함을 잘 잡아준다.

| 재료 |

경수채* — 100g
무 — 100g
돼지고기 (얇게 썬 것) — 100g

A | 육수 — 2컵
  | 술 — 1큰술
  | 간장 — 2작은술
  | 소금 — 1/3작은술

* 일본 명칭으로는 교나 또는 미즈나라고 부른다. 씹는 맛이 아삭아삭하여 쌈채소로도 이용되고, 특유의 향이 고기의 누린내를 없애주는 역할을 한다. 부추, 쑥갓, 미나리 등으로 대체 가능하다.

| 조리법 |

1. 경수채는 3cm 길이로 자르고, 무는 강판에 갈아 물기를 뺀다.
2. 냄비에 A를 넣고 가열하다가 국물이 끓어오르면 돼지고기를 넣는다. 다시 끓어오르면 중불에서 8분 정도 익힌다.
3. 경수채와 무를 넣고 살짝 끓여낸다.

POINT
무는 오래 익히면 특유의 냄새가 강해지므로 가볍게만 익힌다.

| 함께 먹으면 좋아요! |

메밀국수, 우동

{ 마늘 된장 나베 }

미소된장과 마늘로 맛을 낸 담백한 돼지고기 나베!
얇게 썬 우엉의 식감과 향이 식욕을 돋운다.

|재료|

우엉 — 50g
쑥갓 — 50g
마늘 — 1/2쪽
돼지고기 (얇게 썬 것) — 100g

A | 술 — 2큰술
　 | 된장 — 2큰술
　 | 설탕 — 1큰술

참기름 — 1작은술

|조리법|

1. 우엉은 필러로 얇게 썰어 물에 헹군다. 쑥갓은 4cm 길이로 자르고 마늘은 얇게 편썰기 한다.
2. A를 잘 섞어 양념장을 만든다.
3. 냄비에 참기름을 둘러 달구고 마늘과 돼지고기를 1분 정도 볶는다. 우엉과 준비해 둔 양념장을 넣고 중불에서 8분간 익힌 후 쑥갓을 얹어 마무리한다.

POINT
필러로 우엉을 얇게 썰면 손질이 편할 뿐만 아니라 맛이 잘 배어 일석이조다.

|함께 먹으면 좋아요!|

우동

활용재료 1

얇게 썬
돼지고기

278
KCAL

{ 산라탕* 나베 }

새콤한 맛의 중화풍 수프가 식욕을 자극하고 천천히 몸을 데워준다.
매운맛은 고추기름으로 취향껏 조절하자.

|재료|

돼지고기 (얇게 썬 것) — 100g
소금·후추 — 약간
녹말 — 1/2큰술
시금치 — 100g
대파 — 1/2개
홍고추 — 1/2개

A | 물 — 2컵
  | 간장 — 1큰술
  | 다시다 — 1/2작은술
  | 후추 — 약간

식초 — 1큰술
참기름 — 1작은술
고추기름 — 적당량

* 식초의 신맛과 고추와 후추의 매운맛을 섞은 중국식 수프의 일종

|조리법|

1. 돼지고기는 소금과 후추로 밑간하고 녹말가루를 바른다.
2. 시금치는 4cm 길이로 썰고, 파와 씨를 뺀 홍고추는 어슷썰기 한다.
3. 냄비에 A와 홍고추를 넣고 가열하다가 국물이 끓어오르면 1의 돼지고기와 대파를 넣어 중불로 8분 정도 끓인다. 시금치를 넣고 식초와 참기름을 뿌려 한소끔 끓여낸다. 입맛에 따라 고추기름으로 마무리한다.

|함께 먹으면 좋아요!|

생면

{ 순두부 나베 }

두부를 사용한 대표적인 한국식 나베. 삼겹살을 사용하면 감칠맛이 더해진다. 덜 익은 계란 노른자를 풀어가며 따끈따끈하게 먹어보자.

| 재료 |

돼지고기 삼겹살 — 50g
소송채 (청경채, 시금치 등으로 대체 가능) — 50g
대파 — 1/2줄기
마늘 — 1/2쪽
김치 — 80g

A | 물 — 2와 1/2컵
　 | 간장 — 2작은술
　 | 넘플라 — 1작은술
　 | 식초 — 1작은술

참기름 — 1작은술
연두부 — 1/3모
계란 — 1개

| 조리법 |

1. 삼겹살과 소송채는 4cm 길이로 썬다. 대파는 어슷썰고 마늘은 얇게 편썰기 한다.
2. 냄비에 참기름을 둘러 달구고 마늘, 돼지고기, 대파, 김치를 넣고 센불에서 1분간 볶은 후 A를 넣고 끓인다.
3. 두부를 국자로 떠서 넣고, 소송채를 얹어 중불에서 4~5분간 끓인다. 계란을 넣어 마무리한다.

POINT
김치는 볶을수록 맛이 진해지고 찌개의 맛이 깊어진다.

활용재료 2
돼지고기
삼겹살

460 KCAL

{ 카레 간장 나베 }

추운 날 생각나는 국물 카레.
간장과 맛술로 맛을 낸 카레 나베를 먹으면 얼었던 속이 녹아내린다.

|재료|

돼지고기 삼겹살 — 100g
청경채 — 1뿌리
팽이버섯 — 100g

A | 육수 — 2컵
　　간장 — 1큰술
　　카레분말 — 1작은술
　　맛술 — 1작은술

|조리법|

1. 삼겹살은 반으로 자르고 청경채는 4cm 길이로 자른다. 팽이버섯은 밑동을 잘라내고 먹기 편하게 적당히 갈라놓는다.

2. 냄비에 A를 넣고 가열하다가 국물이 끓어오르면 돼지고기와 청경채, 팽이버섯을 넣는다. 다시 끓어오르면 약불에서 7~8분간 더 익힌다.

|함께 먹으면 좋아요!|

우동, 메밀국수

{ 탄탄 나베* }

고소한 참기름 향과 매콤한 두반장의 자극적인 맛이 어우러진 나베.
다진 돼지고기에서 우러난 육수가 일품이다.

|재료|

대파 — 1/4줄기
마늘 — 1/4쪽
튀긴 두부** — 1/2모
돼지고기 (다진 것) — 100g
숙주 — 200g
참기름 — 1작은술
두반장 — 1/3작은술

A | 물 — 2컵
  | 간장 — 1과 1/2큰술

참깨소스 — 2큰술   고추기름 — 적당량

* 중국 사천 지역의 면 요리 탄탄면을 응용한 나베
** 시판용 튀긴 두부를 사용하고 남은 것은 냉동보관한다.

|조리법|

1. 대파와 마늘은 잘게 다진다. 튀긴 두부는 끓는 물에 살짝 데쳐 기름기를 빼내고 두툼하게 썰어둔다.
2. 냄비에 참기름을 둘러 예열한 후 다진 고기, 대파, 마늘을 넣고 볶다가 두반장을 넣어 향이 올라올 때까지 볶는다.
3. 2에 A를 넣고 끓이다가 참깨소스에 국물을 약간 넣어 묽게 푼 후 냄비에 넣는다. 두부, 숙주를 넣고 다시 끓어오르면 약불에서 5분 정도 익힌다. 입맛에 따라 고추기름을 뿌려 먹는다.

POINT
참깨소스가 없는 경우 절구에 깨를 갈아서 넣어도 OK.

|함께 먹으면 좋아요!|

생면

활용재료 3

다진 고기

419
KCAL

{ 양배추롤 나베 }

시간 여유가 있을 때 만들면 좋은 양배추롤 나베.
채소 맛이 육수에 함께 우러나면 맛이 한층 좋아진다.

|재료|

양배추 — 2장
양파 — 30g
감자 — 1개
당근 — 1/2개
다진 고기 (소고기, 돼지고기 섞어서) — 100g
소금·후추 — 약간
방울토마토 — 4개

A | 물 — 2컵
　 | 콩소메 (고형) — 1/2개

소금·후추 — 약간　　　홀그레인 머스터드 — 적당량

|조리법|

1. 양배추는 데친 후 심을 제거하고, 양파는 잘게 다진다. 감자는 도톰한 반달 모양으로 썰어서 물에 헹구고, 당근은 동그랗게 썰어준다.
2. 그릇에 다진 고기, 소금, 후추, 다진 양파를 넣고 점성이 생길 때까지 반죽하여 양배추롤의 속을 만든다.
3. 양배추 1장에 2의 속재료 반을 넣고 말아서 이쑤시개로 끝을 고정한다. 나머지 양배추롤도 동일하게 하나 더 만든다.
4. 냄비에 A를 넣고 가열하다가 국물이 끓어오르면 3과 감자, 당근을 넣고 약불로 20분간 익힌다. 꼭지를 딴 방울토마토를 넣고 소금, 후추로 간을 한다.
5. 그릇에 4를 옮겨 담고 홀그레인 머스터드를 곁들인다.

|함께 먹으면 좋아요!|

밥, 스파게티

활용재료 4
닭다리살

398 KCAL

{ 닭고기 전골 나베 }

육즙이 풍부한 닭다리살을 이용해 맛깔스러운 닭고기 전골을 끓여보자.
산초가루를 곁들여도 좋다.

|재료|

닭다리살 — 1/2개
대파 — 1/2줄기
팽이버섯 — 80g
식용유 — 1작은술

A │ 간장 — 1과 1/2큰술
│ 설탕 — 1큰술
│ 술 — 1큰술
│ 물 — 1/4컵

계란 — 1개
산초가루 — 적당량

|조리법|

1. 닭다리살은 한입 크기로 자른다. 대파는 어슷썰고 팽이버섯은 밑동을 잘라 덩어리지게 풀어놓는다.
2. 냄비에 기름을 둘러 달구고 대파와 닭고기를 넣어 볶는다. **A**와 버섯을 넣고 재료가 끓어오르면 약불로 낮추어 7~8분 정도 익힌다.
3. 미리 풀어놓은 계란에 찍어 먹고, 입맛에 따라 산초가루를 곁들인다.

POINT
대파는 익은 자국이 선명해지도록 볶으면 한층 맛있게 보인다.

|함께 먹으면 좋아요!|
우동, 밥, 메밀국수

활용재료 4
닭다리살

479 KCAL

{ 닭고기 우엉 나베 }

냄비 둘레를 따라 발라놓은 된장의 향긋함!
식이섬유가 풍부한 우엉과 곤약이 장을 깨끗이 해주는 건강 요리다.

|재료|

닭다리살 — 1/2개
우엉 — 80g
곤약 — 1/2개

A | 미소된장 — 2큰술
　 | 깨 (간 것) — 2큰술
　 | 맛술 — 1큰술

육수 — 3/4컵

|조리법|

1. 닭고기는 한입 크기로 자르고, 우엉은 필러로 껍질을 벗긴 후 물에 담가 쓴맛을 뺀다. 곤약은 손으로 찢어 끓는 물에 데친다.
2. 냄비에 육수, 닭고기, 우엉, 곤약을 넣고 냄비의 둘레를 따라 미리 섞어놓은 A를 펴 바른다.
3. 국물에 미소된장을 풀어가면서 중불에서 7~8분간 익힌다.

|함께 먹으면 좋아요!|

메밀국수

활용재료 4

닭다리살

253 KCAL

{ 하리하리* 나베 }

경수채와 닭고기로 간단하게 끓여낸 하리하리 나베.
경수채의 아삭한 식감과 닭고기의 감칠맛이 어우러진 건강한 육수가 일품이다.

|재료|

닭다리살 — 1/2개
경수채 (부추, 쑥갓, 미나리 등으로 대체 가능) — 150g
물 — 2컵
다시마 — 4cm

A | 맛술 — 1작은술
　 | 간장 — 1작은술
　 | 소금 — 1/3작은술

* 경수채와 고래고기를 이용한 나베 요리의 일종. 긴키 지방 요리로 오사카에서 즐겨 먹었다. '하리하리'는 섬유질이 풍부한 경수채의 식감에서 유래한 표현. 경수채와 고래고기 외에 아무것도 넣지 않는 간단한 요리이며, 고래고기 대신 다른 고기로 대체하기도 한다.

|조리법|

1. 닭고기는 두툼하게 채를 썰고 경수채는 5cm 길이로 썬다.
2. 냄비에 물과 다시마를 넣고 가열하다가 물이 끓어오르면 다시마를 뺀다. A와 닭고기를 넣은 후 다시 끓어오르면 약불에서 7~8분간 익힌다. 경수채를 넣어서 살짝 익힌 후 먹는다.

POINT
경수채는 살짝 데치듯 익혀서 식감이 살아있게 한다.

|함께 먹으면 좋아요!|

우동, 떡

활용재료 5
닭날개

276 KCAL

{ 닭날개 순무 백숙 }

맛있는 육수가 우러나오는 닭날개 살.
육수가 스며든 달콤한 순무가 속을 따끈하게 데워주는 나베 요리.

|재료|

닭날개 — 3개
순무 — 2개
무청 — 100g
물 — 3컵
다시마 — 4cm
술 — 1큰술
간즈리 — 적당량
시치미 — 적당량
폰즈 — 적당량

|조리법|

1. 닭날개를 물에 살짝 씻는다. 순무는 반달 모양으로 썰고 무청은 4cm 길이로 썬다.
2. 냄비에 물, 다시마, 술, 닭날개, 순무를 넣고 가열하다가 물이 끓어오르면 다시마를 건져내고 뚜껑을 덮어 약불에서 10분간 익힌다. 마지막에 무청을 얹어 살짝 익힌 후 마무리한다.
3. 취향에 따라 간즈리, 시치미 등 양념을 곁들이고 폰즈에 찍어 먹는다.

|함께 먹으면 좋아요!|

밥, 우동, 떡

활용재료 5
닭날개

635 KCAL

{ 기리탄포 전골* 나베 }

흰쌀로 만들어 구운 주먹밥으로 간단하게 기리탄포 전골을 만들어보았다.
쑥갓 대신 미나리를 넣어도 맛있다.

| 재료 |

닭날개 — 3개
두부 — 1/3모
잎새버섯 — 1/2팩
쑥갓 — 100g
밥 — 150g

A | 육수 — 2와 1/2컵
　 | 간장 — 2큰술
　 | 맛술 — 2큰술
　 | 소금 — 약간

* 햅쌀밥을 찧어 삼나무 꼬치에 둥글고 길게 붙여 만든 '기리탄포'를 닭 육수에 넣어 전골처럼 끓여 먹는 요리

| 조리법 |

1. 닭날개는 물에 살짝 씻는다. 두부는 먹기 좋은 크기로 자르고 잎새버섯은 적당히 갈라둔다. 쑥갓은 4cm 길이로 자른다.

2. 손바닥에 물을 묻혀 밥 양의 1/3만큼 잡고 둥글게 뭉친다. 그릴(혹은 프라이팬) 위에서 구운 자국이 나도록 굽는다.

3. 냄비에 A와 닭날개를 넣고 뚜껑을 덮고 익히다가 국물이 끓어오르면 약불로 낮추어 10분간 더 익힌다. 두부, 버섯, 쑥갓, 구운 주먹밥을 넣고 2~3분 더 끓여낸다.

252 KCAL

활용재료 6
비엔나소시지

{ 똠양꿍 나베 }

태국의 해산물 수프인 똠양꿍의 재료를 비엔나소시지로 바꿔보았다.
매콤 새콤한 독특한 국물이 몸을 따뜻하게 해준다.

|재료|

비엔나소시지 — 4개
배추 — 2장
방울토마토 — 4개
고수 — 4줄기

A │ 물 — 2컵
  │ 홍고추 (어슷썰기 한 것) — 1개
  │ 마늘 (편썰기 한 것) — 1쪽

넘플라 — 1큰술
레몬즙 — 1큰술

|조리법|

1. 비엔나소시지는 어슷썰고 배추는 큼직하게 썰어둔다. 방울토마토는 꼭지를 따고 고수는 적당히 다진다.
2. 냄비에 A를 넣고 가열하다가 국물이 끓어오르면 넘플라를 넣어 맛을 더한다. 배추, 비엔나소시지, 방울토마토를 넣고 7~8분간 더 끓인다.
3. 레몬즙, 고수를 넣고 살짝 익혀 마무리한다.

|함께 먹으면 좋아요!|

생면, 밥

활용재료 6
비엔나소시지

382 KCAL

{ 토마토 스튜 나베 }

채소가 듬뿍 들어간 포토푀풍의 스튜 나베.
토마토 스튜의 산미를 데미그라스 소스가 부드럽게 잡아준다.

| 재료 |

비엔나소시지 — 4개
양배추 — 2장
셀러리 — 1/2줄기
양파 — 1/2개
물 — 1/2컵
토마토주스 (무당) — 1컵
데미그라스 소스 — 3큰술
버터 — 1작은술
소금·후추 — 약간

| 조리법 |

1. 비엔나소시지는 사선으로 칼집을 넣고 양배추는 큼직하게 잘라둔다. 셀러리는 줄기 심을 제거하고 3cm 길이로 자른다. 셀러리 잎은 따로 챙겨둔다. 양파는 반달 모양으로 썬다.
2. 냄비에 물, 양배추, 셀러리 줄기, 양파를 넣고 뚜껑을 덮어 익히다가 끓어오르면 약불로 낮추어 15분간 더 익힌다.
3. 토마토주스, 데미그라스 소스, 비엔나소시지, 셀러리 잎, 버터를 넣고 중불에서 5분간 익힌다. 소금과 후추로 간을 하여 마무리한다.

| 함께 먹으면 좋아요! |

빵, 스파게티

활용재료 7
양배추

303 KCAL

{ 오징어 양배추 된장 나베 }

끓이지 않고 쪄내어 맛이 응축된 양배추에 고추장과 된장으로 맛을 냈다.
남아서 버리기 쉬운 양배추를 마지막까지 알차게 먹어보자.

| 재료 |

양배추 — 4장
오징어 — 1마리

A | 마늘 (다진 것) — 1/2쪽
  | 대파 (다진 것) — 4cm
  | 된장 — 1과 1/2큰술
  | 술 — 1큰술
  | 고추장 — 1작은술
  | 참기름 — 1작은술

통깨 — 적당량

| 조리법 |

1. 양배추는 큼직하게 썰어둔다. 오징어는 내장을 제거하고 몸통은 링썰기, 다리는 한입 크기로 썬다.
2. 냄비에 양배추와 오징어를 넣고, 미리 섞어놓은 A를 골고루 뿌린 후 뚜껑을 덮고 중불에서 15분 정도 찐다.
3. 그릇에 2를 담고 깨를 뿌려 마무리한다.

POINT
오징어 껍질은 힘들게 벗겨낼 필요가 없다. 그편이 맛도 깊어지고 요리하기도 편하다.

| 함께 먹으면 좋아요! |

밥

활용재료 7
양배추

547 KCAL

{ 양배추 당면 나베 }

양배추의 단맛을 살린 심플 수프
참기름으로 마무리하면 향긋함이 더해진다.

|재료|

당면 — 20g
양배추 — 4장
돼지고기 삼겹살 — 100g

A | 물 — 1과 1/2컵
  | 술 — 2큰술
  | 소금 — 2/3작은술

간장 — 약간
참기름 — 1작은술
후추 — 적당량

|조리법|

1. 당면은 끓는 물에 데쳐 체에 밭쳐둔다.
2. 양배추는 큼직하게 썰고 돼지고기는 4cm 폭으로 썬다.
3. 냄비에 A를 넣고 가열하다가 당면, 양배추, 돼지고기, 후추를 넣은 후 다시 끓어오르면 약불로 줄여 10분간 익힌다.
4. 참기름과 후추를 뿌려 마무리한다.

|함께 먹으면 좋아요!|

떡

{ 양배추와 새우 치즈카레 나베 }

케첩과 우유의 은근한 맛으로 부드럽게 마무리한 카레 나베.
탱탱한 새우 살에 말캉한 치즈가 섞여 절묘한 맛이 난다.

|재료|

양배추 — 3장
양파 — 1/2개
새우 — 4마리
물 — 1컵
카레 루 — 30g
우유 — 1/4컵
케첩 — 2작은술
피자치즈 — 40g

|조리법|

1. 양배추는 큼직하게 썰고 양파는 굵게 채 썬다. 새우는 껍질을 벗기고 등 쪽의 내장을 빼낸다.
2. 냄비에 물을 넣고 끓이다가 양배추, 양파를 넣고 약불에서 10분간 익힌다. 카레 루를 넣고 녹이다가 우유, 케첩, 새우를 넣고 살짝 더 익혀낸다.
3. 치즈를 얹어 마무리한다.

POINT
새우 향이 거슬리는 사람은 새우에 전분을 묻혔다가 물에 씻어낸다.

|함께 먹으면 좋아요!|

밥, 스파게티

{ 감자와 대구 갈릭오일 나베 }

볶음요리나 찜에 잘 어울리는 감자. 마늘 향이 나는 콩소메 베이스의
수프가 포슬포슬한 감자와 멋진 조화를 이룬다.

|재료|

감자 — 큰 것 1개
파프리카 — 1/4개
마늘 — 1쪽
생대구 — 1토막
소금·후추 — 약간

A | 물 — 1컵
　　화이트와인 — 1큰술
　　월계수잎 — 1장
　　콩소메 (고형) — 1/2개

올리브유 — 1큰술
소금·후추 — 약간

POINT
감자는 익는 시간이 걸리므로 다른 재료보다 먼저 볶아야 한다.

|조리법|

1. 감자는 한입 크기로 썰어 물에 씻어낸다. 파프리카는 적당히 썰고 마늘은 다져둔다. 대구도 한입 크기로 잘라 소금과 후추로 밑간한다.

2. 냄비에 올리브유와 마늘을 넣고 볶다가 향이 올라오면 감자와 파프리카를 순서대로 넣고 계속 볶는다.

3. 2에 **A**를 넣고 가열하다가 국물이 끓어오르면 뚜껑을 덮어 약불에서 15분간 익힌다. 대구를 넣고 약불에서 10분간 더 끓인 후 소금과 후추로 간을 한다.

|함께 먹으면 좋아요!|

빵, 스파게티

활용재료 8

감자

458
KCAL

{ 감자와 고기완자 토마토 나베 }

감자와 고기완자로 풍성하게 끓인 나베.
토마토의 새콤함으로 더욱 개운한 국물맛이 요리의 포인트다.

|재료|

감자 — 큰 것 1개
피망 — 2개
양파 — 20g
마늘 — 1/2쪽
다진 고기 (돼지고기, 소고기 섞어서) — 100g
소금·후추 — 약간
올리브유 — 2작은술

A | 물 — 1컵
　 | 토마토(통조림) — 100g
　 | 콩소메(고형) — 1/2개

소금·후추 — 약간

|조리법|

1. 감자는 반달 모양으로 썰어 물에 씻어낸다. 피망도 적당히 썰고 양파와 마늘은 다진다.
2. 그릇에 양파, 다진 고기, 소금, 후추를 넣고 점성이 생길 때까지 반죽한다. 한입 크기로 동그랗게 빚어 완자를 만든다.
3. 냄비에 올리브유를 두르고 **2**의 고기완자를 굽는다. 다진 마늘을 볶아 향이 나면 감자와 **A**를 넣고 뚜껑을 덮어 익힌다. 물이 끓어오르면 약불로 낮추어 20분간 더 끓인다.
4. **3**에 피망을 넣고 소금과 후추로 간하여 마무리한다.

|함께 먹으면 좋아요!|

밥, 스파게티

활용재료 8
감자

633 KCAL

{ 감자탕 나베 }

감자를 푸짐하게 넣은 한국 국물 요리의 대표 메뉴.
매콤한 고추장이 감자의 단맛을 더 끌어낸다.

| 재 료 |

감자 — 큰 것 1개
돼지고기 삼겹살 — 100g
부추 — 30g
대파 — 1/2줄기
마늘 — 1/2쪽

A | 물 — 2컵
　 간장 — 2작은술
　 고추장 — 1작은술
　 된장 — 1작은술
　 홍고추 — 1개

깨 (간 것) — 1과 1/2큰술

| 조 리 법 |

1. 감자는 한입 크기로 잘라 물에 씻는다. 돼지고기는 5cm 폭으로, 부추는 4cm 길이로 썬다. 대파는 세로로 길게 가른 후 4cm 길이로 잘라두고, 마늘은 잘게 다진다.

2. 냄비에 A와 감자를 넣고 익히다가 국물이 끓으면 돼지고기, 대파, 마늘을 넣고 뚜껑을 덮어 약불에서 20분간 익힌다.

3. 부추와 갈아놓은 깨를 올려 마무리한다.

POINT
매운맛이 부족하면 고추장을 더 넣어도 좋다.

| 함께 먹으면 좋아요! |

밥, 우동

{ 소금 창코 나베[*] }

배추의 단맛을 듬뿍 즐길 수 있는 심플한 국물 요리.
추운 겨울날 몸 깊은 곳에서 온기를 끌어올려 주는 훌륭한 한 끼이다.

|재료|

배추 — 2장
경수채 (부추, 쑥갓, 미나리 등으로 대체 가능) — 50g
대파 — 1/2줄기
유부 — 1/2장

A
닭고기 (다진 것) — 100g
생강 (다진 것) — 약간
소금·후추 — 약간

B
육수 — 2컵
술 — 2작은술
소금 — 2/3작은술

|조리법|

1. 배추는 큼직하게 썰고 경수채는 4cm 길이로 썬다. 대파는 어슷썰기 한다. 유부는 끓는 물에 데쳐 기름기를 빼고 반으로 자른다.
2. 그릇에 **A**를 넣고 점성이 생길 때까지 반죽하여 고기완자를 만들어 놓는다.
3. 냄비에 **B**를 넣고 가열하다가 국물이 끓어오르면 고기완자와 배추, 대파, 유부를 넣는다. 국물이 다시 끓어오르면 약불로 낮추어 10분간 익히고 경수채를 넣어 살짝 익혀 마무리한다.

POINT

고기완자는 익는 시간이 걸리므로 채소보다 먼저 넣는다.

|함께 먹으면 좋아요!|

우동, 떡, 밥

[*] 끓는 육수에 야채와 고기, 생선 등 각종 재료를 골고루 넣어 영양 균형이 훌륭한 나베 요리. 처음에는 스모 선수들이 즐겨 먹었지만 현재는 일반인에게도 인기가 높아 창코 나베를 전문으로 하는 식당도 곳곳에 생겨났다.

활용재료 9
배추

451
KCAL

{ 삼겹살과 배추 밀푀유* 나베 }

삼겹살과 배추를 겹겹이 쌓아 익히면 고기의 감칠맛과
배추의 단맛이 어우러져 맛있는 나베 요리로 변신한다.

| 재료 | * 밀푀유(millefeuille)는 '천 개의 잎사귀'라는 뜻의 프랑스어

배추 — 4장
돼지고기 삼겹살 — 100g

A | 물 — 1/2컵
  | 술 — 1큰술

폰즈 — 적당량

| 조리법 |

1. 배추와 삼겹살을 번갈아가며 쌓고 3cm 폭으로 잘라 냄비에 채운다.
2. 냄비에 A를 넣고 익히다가 국물이 끓어오르면 약불로 낮추어 20분간 익힌다.
3. 폰즈에 찍어서 먹는다.

POINT
삼겹살과 배추를 냄비에 채울 때 되도록 틈이 생기지 않도록 빼곡히 넣는 것이
보기에 좋다.

{ 배추와 가리비 생강 나베 }

통조림 가리비를 국물까지 버리지 않고 이용하여 손쉽게 맛을 낸 국물 요리.
생강을 더해서 끝 맛이 개운하다.

|재료|

배추 — 4장
생강 — 1쪽
가리비 (통조림) — 작은 것 1캔

A | 물 — 1컵
　 | 술 — 1큰술
　 | 간장 — 1작은술
　 | 소금 — 1/4작은술

|조리법|

1. 배추는 큼직하게 썰고 생강은 얇게 채 썬다.
2. 냄비에 배추, 생강, **A**, 가리비 통조림을 국물까지 다 넣은 후 뚜껑을 덮고 익히다가 국물이 끓어오르면 약불에서 20분간 익힌다.

POINT
생강을 넣어 가리비의 비린내를 잡는다.

|함께 먹으면 좋아요!|

밥

활용재료 10

양파

375 KCAL

{ 돼지고기 샤부샤부 나베 }

양파의 매력을 즐길 수 있는 샤부샤부. 시간이 없는 바쁜 날 재빨리 만들어 먹어보자. 스위트칠리 소스나 폰즈에 찍으면 맛이 일품이다.

| 재료 |

양파 — 1개
돼지고기 (샤부샤부용) — 100g

A | 물 — 2컵
  | 술 — 1큰술
  | 마늘 — 1쪽
  | 다시마 — 4cm

스위트칠리 소스 — 적당량

| 조리법 |

1. 양파는 얇게 채를 썰어 물에 담가 두었다가 물기를 제거한다.
2. 냄비에 A를 넣고 가열하다가 물이 끓어오르면 다시마를 꺼낸다.
3. 샤부샤부용 돼지고기로 양파를 말아서 육수에 살짝 익혀 소스에 찍어 먹는다.

POINT
잘 익는 얇은 돼지고기를 준비한다.

| 함께 먹으면 좋아요! |
우동, 소면

활용재료 10

양파

167 KCAL

{ 양파와 고구마튀김 나베 }

큼직한 양파에 매콤한 카레향 국물이 배어들었다.
포슬포슬한 고구마튀김의 식감이 독특한 맛을 느끼게 한다.

| 재료 |

양파 — 1/2개
청경채 — 1뿌리
고구마튀김 — 작은 것 4개

A | 물 — 2컵
  | 넘플라 — 2작은술
  | 굴소스 — 1작은술
  | 카레가루 — 1/4작은술
  | 생강 (채 썬 것) — 1/2쪽
  | 후추 — 약간

| 조리법 |

1. 양파는 반달 모양으로 큼직하게 썰고 청경채는 3cm 길이로 자른다. 고구마튀김은 끓는 물에 살짝 데쳐 기름기를 뺀다.
2. 냄비에 A를 넣고 가열하다가 국물이 끓어오르면 양파와 청경채 줄기 부분, 고구마튀김을 넣고 다시 끓어오르면 약불에서 10분간 익힌다. 청경채 잎 부분을 넣어 살짝 익혀 마무리한다.

POINT
청경채는 줄기 부분을 먼저 넣고 잎은 마지막에 넣는다.

| 함께 먹으면 좋아요! |

소면

활용재료 10
양파

241 KCAL

{ 양파와 대구 버터간장 나베 }

담백한 대구살에 맛이 진한 버터 간장이 잘 어우러지는 한 그릇.
링썰기 한 양파로 멋을 내보자.

|재료|

양파 — 1개
시금치 — 50g
새송이버섯 — 1개
생대구 — 1토막
소금·후추 — 약간

A | 물 — 2컵
　| 버터 — 2작은술
　| 간장 — 1과 1/2작은술
　| 콩소메 (고형) — 1/4개
　| 소금·후추 — 약간

버터 (마무리에 사용할 것) — 적당량

|조리법|

1. 양파는 링썰기 하고, 시금치는 4cm 길이로 썬다. 새송이버섯은 가로로 길게 잘라둔다.
2. 대구는 한입 크기로 잘라 소금과 후추로 밑간한다.
3. 냄비에 A를 넣고 가열하다가 국물이 끓어오르면 양파, 새송이버섯, 대구를 넣고 다시 끓어오르면 약불에서 10분간 익힌다. 마지막으로 시금치를 넣고 살짝 익혀 불을 끈다.
4. 그릇에 3을 옮겨 담고 버터를 올려 마무리한다.

|함께 먹으면 좋아요!|

밥

활용재료 11
대파

317 KCAL

{ 대파와 참치 계란 나베 }

대파와 참치를 부드러운 계란으로 덮었다.
감칠맛이 풍부한 참치와 표고버섯, 단맛이 나는 대파의 조화가 절묘하다.

|재료|

대파 — 1줄기
표고버섯 — 1개
참치 (통조림) — 작은 것 1캔
계란 — 1개

A | 물 — 1/2컵
　　| 간장 — 2작은술
　　| 맛술 — 1작은술

|조리법|

1. 대파는 어슷썰고 표고버섯도 얇게 썰어둔다. 참치는 기름을 빼두고 계란은 미리 풀어둔다.

2. 냄비에 **A**를 넣고 가열하다가 대파, 표고버섯, 참치를 넣고 섞은 다음 중불에서 3분 정도 익힌다. 풀어놓은 계란을 둘러가며 붓고 뚜껑을 덮은 후 불을 꺼서 적당하게 익힌다.

POINT
참치 통조림을 그대로 쓰면 느끼할 수 있으니 기름을 꼭 짠다.

활용재료 11
대파

294 KCAL

{ 대파와 방어 샤부샤부 나베 }

대파를 풍성하게 사용한 샤부샤부. 횟감으로 나온 방어 살을 이용하면
요리하기가 쉽다. 폰즈와 유자후추로 산뜻한 맛을 즐겨보자.

| 재료 |

대파 — 1줄기
방어 (회) — 100g

A | 물 — 2컵
　 | 술 — 2큰술
　 | 다시마 — 4cm

폰즈 — 적당량
유자후추 — 적당량

| 조리법 |

1. 대파는 가늘게 어슷썰고 물에 담가두었다가 물기를 뺀다.
2. 냄비에 A를 넣고 가열하다가 국물이 끓어오르면 다시마를 뺀다.
3. 대파와 방어를 넣고 중불에서 살짝 익혀 폰즈와 유자후추에 찍어 먹는다.

| 함께 먹으면 좋아요! |

메밀국수

활용재료 12

당근

286 KCAL

{ 채소 나베 }

냉장고에 남아 있던 채소를 모아 완성한 한 그릇.
당근과 배추 외에도 조금씩 남아 있는 다양한 채소를 활용해 만들어보자.

| 재료 |

당근 — 1/3개
배추 — 1장
표고버섯 — 2개
베이컨 — 2장
두부 — 1/3모

A | 육수 — 2컵
　 | 술 — 2작은술
　 | 간장 — 1작은술
　 | 소금 — 1/2작은술
　 | 후추 — 약간

| 조리법 |

1. 당근, 배추, 표고버섯은 채 썰고, 베이컨은 3cm 폭으로 썬다. 두부는 키친 타올에 싸서 물기를 빼고 두껍게 채 썬다.
2. 냄비에 A를 넣고 가열하다가 국물이 끓어오르면 1의 재료를 넣고 다시 한 번 끓어오르면 약불에서 7~8분간 익힌다.

POINT
베이컨을 넣으면 국물의 감칠맛이 더해진다.

| 함께 먹으면 좋아요! |

밥, 떡

활용재료 12

당근

426 KCAL

{ 당근 전골 나베 }

하늘하늘한 리본 모양의 당근이 눈을 즐겁게 해주는 전골 나베 요리.
입맛에 따라 시치미나 산초가루를 넣어도 좋다.

| 재료 |

당근 — 1/2개
대파 — 1/2줄기
청경채 — 작은 것 1뿌리
소고기 — 100g
계란 — 1개

A │ 술 — 2큰술
　│ 간장 — 1과 1/2큰술
　│ 설탕 — 1큰술

식용유 — 1작은술

| 조리법 |

1. 당근은 껍질을 벗기고 필러로 얇게 썬다. 대파는 어슷썰고 청경채는 3cm 길이로 썰어둔다.
2. 냄비에 기름을 두르고 가열한 후 대파를 굽고, 소고기를 넣어 1분 정도 볶는다.
3. A를 넣고 끓어오르면 당근, 청경채 잎을 넣어 중불에서 살짝 익힌다. 그릇에 옮겨 담고 가운데에 계란을 올려 마무리한다.

POINT
필러로 당근을 얇게 썰면 조리도 간편하고 금방 익어서 좋다.

| 함께 먹으면 좋아요! |

우동, 밥

CHAPTER 3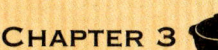

밤늦게 먹어도 살찌지 않는 건강 나베 요리

혼자 살거나 바쁘게 지내다 보면 영양 균형이 무너지기 쉽습니다. 나베 요리는 채소를 듬뿍 넣어 영양 균형은 높이고 칼로리는 낮추어 다이어트에도 효과적입니다. 미용과 건강을 함께 되찾을 수 있는 나베 요리 레시피를 소개합니다.

353 KCAL

{ 닭갈비 }

닭갈비는 영양이 풍부할 뿐만 아니라 매운 고추가 지방연소를 촉진한다.
고구마를 껍질째 넣으면 식이섬유가 풍부해 변비 해소에도 도움이 된다.

| 재료 |

닭다리살 — 1/2개
당근 — 40g
고구마 — 50g
양파 — 1/4개
양배추 — 2장
김치 — 50g

A | 술 — 2큰술
　 설탕 — 1/2큰술
　 고추장 — 2작은술
　 간장 — 2작은술
　 마늘 (다진 것) — 1/2쪽
　 참기름 — 1작은술

지방연소　변비　디톡스

POINT
닭다리살의 껍질을 벗겨 요리하면 칼로리를 낮출 수 있다.

| 조리법 |

1. 닭고기는 껍질을 벗기고 한입 크기로 썬 후 그릇에 담아 A를 넣고 잘 섞어 둔다.

2. 당근과 고구마는 동그랗게 썰고 양파는 채 썬다. 양배추도 한입 크기로 썰어둔다.

3. 냄비에 1과 2, 김치를 넣고 잘 섞은 후 뚜껑을 덮고 중불에서 익힌다. 양념이 끓어오르면 약불로 낮추고 간간이 섞어가며 15분간 익힌다.

271 KCAL

{ 중화풍 매콤 나베 }

숟가락을 내려놓을 수 없게 하는 두반장의 매콤한 매력.
홍고추의 매운맛이 지방연소와 신진대사에 도움을 주어 다이어트에 좋다.

지방연소 · 신진대사 · 피부미용

| 재료 |

완두 새싹 (더우미아오) — 1/2팩
대파 — 1/2줄기
만가닥버섯 — 100g
연근 — 50g
닭가슴살 (껍질 벗긴 것) — 100g
참기름 — 1작은술

A
마늘 (다진 것) — 1/4쪽
대파 (다진 것) — 3cm
두반장 — 1/2작은술

B
물 — 2컵
간장 — 1큰술
술 — 1큰술
굴소스 — 1작은술
다시다 — 1/2작은술
홍고추 — 1개
산초열매 — 약간

| 조리법 |

1. 완두 새싹은 반으로 자르고 대파는 어슷썰기 한다. 만가닥버섯은 밑동을 자르고 먹기 좋게 갈라놓는다. 연근은 반달 모양으로 얇게 썰고 닭가슴살은 한입 크기로 썬다.

2. 냄비에 기름을 두르고 **A**를 볶다가 향이 올라오면 **B**를 넣는다. 국물이 끓어오르면 **1**의 재료를 넣고 닭고기가 익을 때까지 약불에서 끓인다.

POINT
완두 새싹은 피부미용에 좋은 베타카로틴, 신진대사에 도움을 주는 비타민 B_1이 풍부하다.

| 함께 먹으면 좋아요! |

밥, 우동, 생면

323 Kcal

{ 닭날개 삼계탕 나베 }

닭날개에는 피부미용에 좋은 콜라겐이 풍부하다.
몸을 따뜻하게 해주는 생강을 더해 여성 건강에 좋은 보양식을 완성했다.

|재료|

우엉 — 50g
무 — 50g
생강 — 20g
대파 — 3cm
물 — 3컵
닭날개 — 3개
밥 — 50g
잣 — 1작은술
소금 — 1/3작은술
검은깨 — 약간

|조리법|

1. 우엉은 어슷썰어 물에 담가두었다가 물기를 제거하고, 무는 한입 크기로, 생강은 얇게 썬다. 대파는 고명용으로 작게 썬다.
2. 냄비에 물을 넣고 가열하다가 끓어오르면 닭날개, 우엉, 무, 생강, 밥, 잣을 넣고 뚜껑을 덮는다. 다시 끓어오르면 불을 낮추어 약불에서 20분간 익힌 후 소금으로 간을 한다.
3. 대파와 검은깨를 올려 마무리한다.

POINT
닭날개에는 콜라겐뿐만 아니라 피부의 윤기와 탄력 유지에 도움을 주는 비타민A가 풍부하다. 콜라겐이 국물에 우러나오므로 국물도 남김없이 먹자.

150 KCAL

{ 대구탕 나베 }

대구, 미역, 실곤약 등 저열량 재료만으로 차려낸 푸짐한 한 끼.
식감이 좋은 곤약으로 양을 늘리면 포만감이 오래 가서 다이어트에 좋다.

| 재료 |

생대구 — 1토막
소금 — 약간
미역 — 80g (물에 불린 상태)
대파 — 1/2줄기
양배추 — 2장
실곤약 — 100g
폰즈 — 적당량
다진 생강 — 적당량
쪽파 — 적당량

A | 물 — 2컵
  | 술 — 1큰술
  | 다시마 — 4cm

| 조리법 |

1. 대구살은 반으로 자르고 소금으로 밑간한다. 미역은 물에 불려 한입 크기로 자르고 대파는 어슷 썬다. 양배추는 큼직하게 찢어놓고 실곤약은 끓는 물에 데친 후 물기를 뺀다. 폰즈에 다진 생강과 쪽파를 넣어 찍어 먹는 소스를 만들어 놓는다.
2. 냄비에 A를 넣고 가열하다가 국물이 끓어오르면 다시마를 건져내고 대구, 미역, 대파, 양배추, 실곤약을 넣는다. 다시 끓어오르면 약불로 낮추어 7~8분간 익힌다.
3. 폰즈 양념장에 2의 건더기를 찍어 먹는다.

POINT
감칠맛을 내는 글루타민산과 이노신산이 풍부한 대구. 지방은 거의 없어 다이어트 중에도 안심하고 먹을 수 있다.

252 KCAL

{ 참치 파 나베 }

붉은 참치 살이 주인공인 건강 나베. 참치에 풍부한 비타민E와 비타민B군,
미역에 함유된 미네랄이 피부미용에 도움을 준다.

|재료|

참치 (붉은살) — 100g
대파 — 1줄기
경수채 (부추, 쑥갓, 미나리 등으로 대체 가능) — 50g
미역 — 50g (물에 불린 상태)

A | 물 — 2컵
　 | 술 — 2큰술
　 | 간장 — 1과 1/2큰술
　 | 맛술 — 1작은술
　 | 다시마 — 4cm
　 | 소금 — 약간

|조리법|

1. 참치는 두툼하게 채 썬다. 대파는 어슷썰고 경수채는 4cm 길이로 썬다. 미역은 물에 불린 후 한입 크기로 썬다.

2. 냄비에 A를 넣고 가열하다가 물이 끓어오르면 다시마를 건져내고 경수채 외의 재료를 넣는다. 다시 끓어오르면 불을 낮추어 약불에서 7~8분간 익힌다. 마지막에 경수채를 넣고 살짝 익혀 마무리한다.

POINT

불에 익히면 힘줄 부분이 거슬리지 않으므로 비교적 저렴한 힘줄 부분의 참치 살을 사도 좋다. 입맛에 따라 유자후추나 간즈리를 곁들여도 OK.

|함께 먹으면 좋아요!|

밥, 우동

417 Kcal

{ 참마 나베 }

목 넘김이 좋은 참마. 한방에서 참마는 노화방지 효과가 있다.
끈끈한 마 성분이 몸속 에너지를 채워주는 건강식이다.

| 재료 |

만가닥버섯 — 100g
표고버섯 — 2개
대파 — 1/2줄기
쑥갓 — 50g
참마 — 100g
소고기 — 100g

A | 육수 — 2컵
  | 술 — 2큰술
  | 간장 — 1과 1/2큰술
  | 설탕 — 2작은술

| 조리법 |

1. 만가닥버섯은 적당한 크기로 가르고 표고버섯은 4등분한다. 대파는 어슷 썰고 쑥갓은 3cm 길이로 자른다. 참마는 곱게 갈아둔다.

2. 냄비에 A를 넣고 가열하다가 물이 끓어오르면 버섯, 대파, 소고기를 넣는다. 물이 다시 끓으면 약불로 낮추고 7~8분간 익힌다.

3. 쑥갓과 참마를 넣고 살짝 끓인 후 마무리한다.

POINT

참마의 끈적이는 성분인 무틴은 신진대사 및 세포 활성화 작용을 한다. 피로가 쌓였을 때나 위장이 약해져 있을 때 먹으면 좋다.

| 함께 먹으면 좋아요! |

밥, 우동, 메밀국수

{ 닭고기 레몬 에스닉 나베 }

넘플라의 이국적인 풍미에 레몬의 상큼한 산미가 어우러진 국물 요리.
고단백 저열량의 닭가슴살과 푸짐한 채소로 영양 만점의 요리가 되었다.

| 재료 |

닭가슴살 (껍질 없는 것) — 100g
청경채 — 1/2뿌리
단호박 (씨 제거한 것) — 80g
레몬 (얇게 썬 것) — 2장
숙주 — 100g
방울토마토 — 6개

A | 물 — 2컵
  | 넘플라 — 2작은술
  | 다시다 — 1/2작은술
  | 후추 — 약간

| 조리법 |

1. 닭가슴살은 얇게 썰고 청경채는 3cm 길이로 자른다. 단호박은 씨와 속을 제거하고 네모지게 썬다. 레몬은 얇게 썰고 방울토마토는 꼭지를 딴다.
2. 냄비에 A와 단호박을 넣고 익히다가 물이 끓어오르면 약불에서 5분간 익힌다. 다시 불을 높이고 닭고기, 청경채, 숙주, 방울토마토를 넣고 국물이 끓어오르면 약불에서 10분간 익힌다.
3. 레몬을 넣어서 마무리한다.

POINT

육류 중에서도 고단백 저열량의 대표 격인 닭가슴살. 다이어트 중에 부족해지기 쉬운 단백질을 보충하려면 의식적으로 많이 먹어주는 게 좋다.

| 함께 먹으면 좋아요! |

생면, 소면

165 KCAL

{ 헬시 아히요 나베 }

올리브유에 익혀 열량이 신경 쓰이는 아히요.
여기서는 올리브유 양을 줄여 건강한 요리로 완성했다.

|재료|

새우 — 작은 것 6마리
새송이버섯 — 1개
만가닥버섯 — 100g
파슬리 — 2줄기
마늘 (다진 것) — 1쪽
올리브유 — 1작은술

A | 물 — 3큰술
  | 화이트와인 — 1큰술
  | 소금·후추 — 약간

* 마늘과 함께 올리브유에 구운 새우 요리 '감바스 알 아히요'를 응용한 나베

|조리법|

1. 새우는 껍질을 벗기고 등 쪽의 내장을 제거한다. 새송이버섯 줄기는 길고 납작하게, 머리 부분은 한입 크기로 썬다. 만가닥버섯은 밑동을 제거한 후 작은 덩어리로 나누고, 파슬리는 잎을 줄기에서 떼어 둔다.
2. 냄비에 올리브유를 두르고 마늘을 넣어 볶다가 향이 올라오면 A, 새우, 새송이버섯, 만가닥버섯을 넣고 잘 섞어 뚜껑을 덮고 중불에서 5분간 익힌다.
3. 파슬리를 뿌려 잘 섞는다.

POINT

마늘 향을 내는 성분인 알리신은 피로회복을 돕는다. 또 버섯에 풍부한 식이 섬유가 장운동을 도와준다.

277 Kcal

{ 두부고기 완자 중화 나베 }

배불리 먹고 싶지만 살찔까 봐 두려운 당신!
그럴 때는 영양 많은 두부를 활용한 저열량 요리를 만들어보자.

|재료|

두부 — 1/4모
배추 — 3장
대파 — 1/4줄기
실곤약 — 100g
돼지고기 (다진 것) — 80g
소금·후추 — 약간
대파 (다진 것) — 1작은술
참기름 — 1작은술

A | 물 — 2컵
  | 술 — 1컵
  | 간장 — 2작은술
  | 굴소스 — 1/2작은술
  | 다시다 — 1/2작은술

다이어트 **변비**

|조리법|

1. 두부는 키친타올로 싸서 위에서 눌러두어 물기를 뺀다. 배추와 대파는 어슷하게 썰어둔다. 실곤약은 데쳐서 물기를 빼둔다.
2. 다진 고기를 소금과 후추로 밑간한 후 점성이 생길 때까지 반죽한다. 1의 두부, 다진 대파를 넣고 잘 섞어 한 덩이로 뭉친다.
3. 냄비에 기름을 두르고 2의 고기 완자를 올려 표면에 색이 날 때까지 굽는다. 배추, 대파, 실곤약, A를 넣고 뚜껑을 덮어 익힌다. 국물이 끓어오르면 약불에서 20분간 더 익힌다.

POINT

실곤약은 열량이 낮고 식이섬유가 풍부해서 다이어트 중 먹기 좋은 음식이다.

{ 내장전골 나베 }

스태미너 음식인 내장 전골에 홍고추와 마늘을 넣어
매콤한 맛과 보양 효과를 올렸다. 피부미용에도 좋다.

| 재료 |

돼지 내장 (데친 것) — 100g
양배추 — 3장
부추 — 40g
마늘 — 1쪽
홍고추 — 1/2개

A | 육수 — 2컵
  | 술 — 1큰술
  | 간장 — 2작은술
  | 소금 — 1/3작은술
  | 후추 — 약간

POINT

내장은 콜라겐이 풍부해 피부를 탱탱하게 만들어 준다.

시치미 — 적당량
유자후추 — 적당량

| 조리법 |

1. 돼지 내장은 넉넉한 양의 끓는 물에 삶은 후 물기를 제거한다.
2. 양배추는 큼직하게, 부추는 3cm 길이로 썬다. 마늘은 편썰기 하고 홍고추는 링썰기 해서 씨를 제거한다.
3. 냄비에 A를 넣고 가열하다가 국물이 끓어오르면 돼지 내장, 양배추, 마늘을 넣는다. 국물이 다시 끓으면 약불에서 10분간 익힌 후 홍고추, 부추를 넣고 살짝 끓여낸다.
4. 입맛에 따라 시치미나 유자후추를 곁들인다.

| 함께 먹으면 좋아요! |

생면, 우동

254 KCAL

{ 어묵탕 나베 }

담백한 어묵과 따끈한 국물은 매일 먹어도 질리지 않는 겨울 별미.
감칠맛 나는 국물이 스며든 어묵으로 몸을 따뜻하게 데워보자.

|재료|

무 ― 150g
곤약 ― 1/4개
삶은 계란 ― 1개
길쭉한 어묵 ― 1개
납작한 어묵 ― 1/2장

A | 육수 ― 2컵
  | 맛술 ― 2작은술
  | 간장 ― 1과 1/2작은술
  | 소금 ― 1/4작은술

다이어트

|조리법|

1. 무는 세로로 4등분하고 곤약은 삼각형으로 잘라 데친다.
2. 냄비에 A와 무, 곤약, 삶은 계란을 넣고 뚜껑을 덮어 익히다가 물이 끓어오르면 약불로 낮추어 15분간 익힌다.
3. 어묵을 넣고 약불에서 4~5분간 더 익힌다.

POINT

식감이 좋고 맛있는 어묵은 단백질이 풍부하고 열량이 낮은 음식재료. 요리하기 전에 끓는 물에 살짝 데치면 더 건강하고 담백하게 즐길 수 있다.

|함께 먹으면 좋아요!|

우동

94
KCAL

{ 후카가와* 나베 }

바지락 육수와 미소된장이 어우러져 맛이 깊은 국물 요리. 여성에게 꼭 필요한 영양소가 듬뿍 들어있는 후카가와 나베로 건강을 찾아보자.

| 재료 |

바지락 — 200g
소송채 (청경채, 시금치 등으로 대체 가능) — 50g
대파 — 1줄기

A | 육수 — 2컵
　| 술 — 1큰술

미소된장 — 1큰술

* 바지락, 대합 등의 조개와 채소, 된장을 함께 끓여 밥에 부어 먹는 요리를 '후카가와메시'라고 한다.

| 조리법 |

1. 바지락은 해감 후 물에 씻는다. 소송채와 대파는 3cm 길이로 썬다.
2. 냄비에 바지락, 파, A를 넣고 중불에서 바지락이 입을 벌릴 때까지 끓인다.
3. 소송채와 미소된장을 풀어 넣고 3분간 더 끓인다.

POINT

바지락과 소송채로 철분을 듬뿍 섭취할 수 있다.

| 함께 먹으면 좋아요! |

밥, 우동

359 KCAL

{ 샐러드 샤부샤부 나베 }

몸에 좋은 샐러드는 다이어트의 기본 메뉴.
매일 먹어 질리기 시작했다면 샤부샤부로 응용해보는 건 어떨까?

| 재료 |

양상추 — 3장
셀러리 — 1/2줄기
아보카도 — 1/2개
본레스햄 — 4장
방울토마토 — 4개

A | 플레인요거트 (무당) — 1/2컵
  | 올리브유 — 1작은술
  | 소금 — 1/6작은술
  | 마늘 (다진 것) — 약간
  | 후추 — 약간

B | 물 — 3컵
  | 콩소메 (고형) — 1/4개
  | 소금·후추 — 약간

바질페스토 — 적당량
홀그레인 머스터드 — 적당량

| 조리법 |

1. 양상추는 큼직하게 찢어놓고 셀러리는 질긴 심을 제거한 후 얇게 어슷썰어둔다. 아보카도는 반달 모양으로, 햄은 반으로 잘라두고 방울토마토는 꼭지를 뗀다. A를 잘 섞어 찍어 먹는 소스를 만든다.
2. 냄비에 B를 넣고 가열하다가 국물이 끓어오르면 1의 재료를 바로 먹을 만큼만 국물에 넣어 샤부샤부처럼 가볍게 데친다. 입맛에 따라 A의 소스, 바질페스토, 홀그레인 머스터드에 찍어 먹는다.

POINT

요거트 소스가 장을 깨끗하고 편안하게 해주고, '먹는 화장품'으로 불리는 아보카도가 피부를 건강하게 만들어준다.

222 Kcal

{ 닭가슴살 나베 }

저열량 저지방이라 다이어트에 좋지만 퍽퍽해서 먹기 힘든 닭가슴살에
녹말가루로 옷을 입혀 식감을 개선했다.

| 재료 |

닭가슴살 — 2덩이
녹말가루 — 적당량
브로콜리 — 50g
양배추 — 2장
대파 — 1/2줄기
생강 (다진 것) — 1쪽

A │ 육수 — 2컵
　│ 간장 — 1과 1/2큰술
　│ 맛술 — 1/2큰술

| 조리법 |

1. 닭가슴살은 힘줄을 제거하고 얇게 썰어 녹말가루를 묻힌다. 브로콜리는 한 입 크기로, 양배추는 큼직하게 자르고 대파는 어슷썬다.
2. 냄비에 A를 넣고 가열하다가 국물이 끓어오르면 닭가슴살, 브로콜리, 양배추, 대파를 넣고 다시 끓어오르면 불을 낮추어 약불에서 10분 정도 익힌다.
3. 그릇에 옮겨 담고 다진 생강을 곁들인다.

POINT

생강이 몸을 따뜻하게 데워주고 신진대사 활동을 촉진한다.

| 함께 먹으면 좋아요! |

밥, 우동, 소면

338 KCAL

{ 버섯 된장 나베 }

식이섬유가 풍부하고 열량은 낮은 건강 먹거리. 고기는 조금만
넣어도 푸짐한 버섯과 뿌리채소가 속을 든든하게 해준다.

|재료|

팽이버섯 — 40g
표고버섯 — 2개
돼지고기 뒷다리살 (얇게 썬 것) — 100g
단호박 — 50g
연근 — 50g
육수 — 2컵
미소된장 — 1큰술
맛술 — 1/2큰술
시치미 — 적당량

|조리법|

1. 팽이버섯은 밑동을 잘라 먹기 좋은 크기로 갈라놓고 표고버섯은 4등분한다. 돼지고기는 한입 크기로 자르고 단호박은 얇고 길쭉하게 자른다. 연근은 껍질을 벗기고 반달 모양으로 썰어준다.
2. 냄비에 육수와 단호박을 넣고 물이 끓어오른 후부터 5분간 더 익혀준다.
3. 버섯과 돼지고기, 연근, 미소된장과 맛술을 넣고 중불에서 10분간 익힌다. 취향에 따라 시치미를 뿌려서 먹는다.

POINT
식이섬유가 풍부한 버섯과 뿌리채소의 조합. 변비 해소와 피부미용에 효과 만점 요리!

|함께 먹으면 좋아요!|
밥, 우동, 메밀국수

CHAPTER 4

냄비 속 작은 사치 & 명품 나베 요리

시간 여유가 있는 휴일, 조금은 화려한 나베 요리를 즐겨보면 어떨까? 맛도 모양도 일품이라 접대용 요리로도 훌륭한 레시피. 맥주, 와인 등과 함께 즐겨보자.

모든 레시피는 **1인분 기준**

{ 치즈 크림 퐁듀 나베 }

화이트소스와 피자 치즈를 잘 녹여주면 끝. 간단하지만 맛있는 치즈 퐁듀.
좋아하는 빵과 채소를 곁들여 와인과 함께 즐겨보자.

|재료|

브로콜리 — 80g
비엔나소시지 — 3개
감자 — 1개
방울토마토 — 3개
바게트 — 40g
버터 — 1작은술
박력분 — 1과 1/2작은술
우유 — 2/3컵
피자용 치즈 — 50g
소금·후추 — 약간

|조리법|

1. 브로콜리는 한입 크기로 자르고 비엔나소시지와 함께 데쳐둔다. 감자는 랩에 싸서 전자레인지에 2분간 돌린 후 껍질을 벗기고 반달 모양으로 썬다. 방울토마토는 꼭지를 떼고 바게트는 한입 크기로 자른다.
2. 냄비에 버터를 넣어 녹인 후 박력분을 넣고 약불에 볶는다. 우유를 넣고 중불에서 잘 섞다가 끓어오르면 약불에서 저어가며 3~4분간 익힌다.
3. 2에 점성이 생기면 치즈를 넣어 녹이고 소금과 후추로 간을 한다. 1의 재료를 2에 찍어 먹는다.

POINT

걸쭉한 화이트소스에 치즈를 섞으면 잘 분리되지 않아 그 맛을 충분히 즐길 수 있다.

229 Kcal

{ 부이야베스* 나베 }

대구와 바지락의 깊은 감칠맛이 느껴지는 요리. 대구는 도미 등의 다른 흰살 생선으로 대체할 수 있다. 아이올리 소스를 곁들여 색다른 맛으로 즐겨보자.

| 재료 |

바지락 — 100g
생대구 — 1토막
소금·후추 — 약간
양파 — 1과 1/2개
파프리카 (적색) — 1/4개
시금치 — 50g
마늘 — 1/2쪽
올리브유 — 1과 1/2작은술

A | 물 — 2컵
　| 카레가루 — 1/4작은술
　| 케첩 — 1작은술

소금 — 1/3작은술
후추 — 약간
아이올리 소스 — 적당량

* 여러 가지 종류의 해산물과 야채, 올리브유를 넣어 끓인 지중해식 수프

| 아이올리 소스 만드는 법 |

마요네즈 1작은술에 다진 마늘과 두반장을 약간 넣고 잘 섞는다. 시중에서 판매하는 제품을 사용해도 좋다.

| 조리법 |

1. 바지락은 해감 후 껍데기를 서로 비비며 깨끗이 씻고, 대구는 소금과 후추로 밑간한다. 양파는 네모지게 썰고 파프리카는 한입 크기로, 시금치는 4cm 길이로 썬다. 마늘은 다져둔다.
2. 냄비에 올리브유를 둘러 가열한 후 마늘을 넣고 볶다가 향이 올라오면 양파, 파프리카를 넣어 2분간 더 볶는다.
3. A와 바지락을 넣고 익히다가 물이 끓어오르면 대구를 넣고 불을 낮추어 10분간 더 익힌다. 시금치를 넣고 소금과 후추로 간을 한다.
4. 그릇에 3을 옮겨 담고 대구살 위에 아이올리 소스를 올린다.

332 KCAL

{ 불고기 나베 }

달달한 양념장이 스며든 한국식 고기 채소볶음.
마늘과 참기름의 향이 식욕을 돋워준다. 맥주 안주로도 딱 좋은 요리!

|재료|

소고기 — 100g
양파 — 1/4개
당근 — 30g
부추 — 1/2다발
숙주 — 100g

A | 물 — 1큰술
　 | 간장 — 1큰술
　 | 설탕 — 1/2큰술
　 | 참기름 — 1작은술
　 | 마늘 (다진 것) — 1/4쪽
　 | 소금·후추 — 약간

통깨 — 약간

|조리법|

1. 양파, 당근은 각각 채를 썰고 부추는 5cm 길이로 자른다.
2. 소고기를 A의 양념장과 잘 섞은 후 양파, 당근, 숙주를 같이 넣어 섞어둔다.
3. 냄비를 데운 후 2를 넣고 뚜껑을 덮는다. 때때로 섞어가며 중불에서 7~8분간 익힌다. 부추를 넣은 후 살짝 익히고 통깨를 뿌려 마무리한다.

POINT

소고기의 밑간이 음식의 맛을 좌우한다.

276 KCAL

{ 새우와 두부 토마토 중화 나베 }

큰 새우를 넣어 호화스럽게 만들어 본 중화요리.
뽀득뽀득한 새우의 식감과 토마토의 부드러움이 잘 어우러진다.

|재료|

새우 — 6마리
두부 — 1/2모
토마토 — 1개
대파 — 3cm
마늘 — 1/2쪽
두반장 — 1/3작은술
참기름 — 1작은술

A | 물 — 2컵
　| 케첩 — 2작은술
　| 술 — 2작은술
　| 간장 — 2작은술
　| 다시다 — 1/2작은술
　| 소금·후추 — 약간

|조리법|

1. 새우는 껍질을 까고 등 가운데 칼집을 넣어 내장을 제거한다. 두부는 4등분하고 토마토는 반달 모양으로 썬다. 대파, 마늘은 각각 다진다.

2. 냄비에 기름을 두르고 가열한 후 마늘, 대파, 두반장을 넣고 볶다가 향이 올라오면 A를 넣고 끓인다. 국물이 끓기 시작하면 두부, 새우, 토마토를 넣고 중불에서 7~8분간 익힌다.

POINT

새우등에 칼집을 넣으면 열이 잘 전달되고 양념도 잘 밴다.

354 KCAL

{ 방어와 새우 해물탕 나베 }

고급 나베 요리의 대표 격인 해물탕. 간장을 더한 개운한 육수에
어패류, 채소 등 재료의 맛을 충분히 끌어낸 요리.

|재료|

방어 — 1토막
새우 — 2마리
무 — 100g
대파 — 1/2줄기
경수채 (부추, 쑥갓, 미나리 등으로 대체 가능) — 50g
당근 — 30g
표고버섯 — 1개

A | 물 — 2컵
　 | 술 — 2큰술
　 | 간장 — 1작은술
　 | 소금 — 1/6작은술

|조리법|

1. 방어는 반으로 잘라 끓는 물에 데친다. 새우는 껍질째 등 중앙에 칼집을 넣고 내장을 빼낸다. 무는 반달썰기, 대파는 어슷썰기, 경수채는 3cm 길이로 썰어둔다. 당근은 필러로 얇게 썰고 표고버섯은 세로로 반 갈라둔다.

2. 냄비에 A를 넣고 가열하다가 국물이 끓어오르면 방어, 새우, 무, 대파, 표고버섯을 넣고 다시 끓어오르면 불을 낮추어 약불에서 10분간 끓인다. 마지막에 경수채와 당근을 넣고 살짝 익혀 마무리한다.

POINT

방어와 새우는 너무 많이 익혀서 살이 단단해지지 않도록 주의한다.

579 Kcal

{ 닭 완자 전골 나베 }

약간의 노력으로 맛이 한층 훌륭해지는 전골 요리. 칼로 두드려 부드러워진 닭다리살과 다진 닭고기를 이용해 만든 고기 완자는 육즙의 차원이 다르다.

| 재료 |

닭다리살 — 50g
닭고기 (다진 것) — 100g
소금·후추 — 약간
대파 — 1/2줄기
새송이버섯 — 1개

구운 두부 — 1/4모
양상추 — 4장
실곤약 — 100g
식용유 — 1작은술

A | 술 — 3큰술
  | 간장 — 2큰술
  | 설탕 — 1과 1/2큰술

계란 — 1개

| 조리법 |

1. 닭다리살을 칼로 거칠게 다져 그릇에 넣고 미리 다져진 닭고기, 소금, 후추와 섞어 반죽한다. 대파는 2cm 길이로, 새송이는 길쭉하고 납작하게 썰고 구운 두부는 먹기 좋은 크기로 자른다. 양상추는 손으로 찢어두고 실곤약은 끓는 물에 데친다.
2. 냄비에 기름을 두른 후 대파를 넣고 색이 날 때까지 볶는다. A를 넣고 끓어 오르면 1의 고기를 숟가락으로 떠서 넣는다. 실곤약, 새송이, 구운 두부를 넣고 국물이 다시 끓어오르면 약불에서 10분 정도 익힌다.
3. 2에 양상추를 넣고 살짝 익혀낸 후 미리 풀어놓은 계란에 찍어 먹는다.

POINT

껍질이 붙은 닭다리살을 다져서 완자로 만들면 완자의 육즙이 한층 더 풍부해진다.

칼로리별 찾아보기

0~100 KCAL

바지락 버섯 나베	33
후카가와 나베	153

100~200 KCAL

배추와 가리비 생강 나베	113
양파와 고구마튀김 나베	117
대구탕 나베	137
헬시 아히요 나베	145

200~300 KCAL

닭고기와 무 생강 나베	29
두부 두유 나베	37
포토피 나베	41
연어와 양배추 수프 나베	43
참치 브로콜리 나베	47
양배추와 슈마이 찜 나베	51
닭튀김 탕 나베	53
중화풍 돼지고기 나베	61
야나가와풍 돼지고기 숙주 나베	63
무 나베	69
산라탕 나베	73
하리하리 나베	87
닭날개 순무 백숙	89
똠양꿍 나베	93
소금 창코 나베	109
양파와 대구 버터간장 나베	119
대파와 방어 샤부샤부 나베	123
채소 나베	125
중화풍 매콤 나베	133
참치 파 나베	139
닭고기 레몬 에스닉 나베	143
두부고기 완자 중화 나베	147
내장전골 나베	149
어묵탕 나베	151
닭가슴살 나베	157
부이야베스 나베	165
새우와 두부 토마토 중화 나베	169

300~400 Kcal

만두 나베	25
돼지고기 숙주 나베	27
김치 치즈 나베	35
비엔나소시지와 시금치 카레 나베	49
콘 크림 수프 나베	57
에스닉풍 당면 나베	65
마늘 된장 나베	71
닭고기 전골 나베	83
토마토 스튜 나베	95
오징어 양배추 된장 나베	97
감자와 대구 갈릭오일 나베	103
돼지고기 샤부샤부 나베	115
대파와 참치 계란 나베	121
닭갈비	131
닭날개 삼계탕 나베	135
샐러드 샤부샤부 나베	155
버섯 된장 나베	159
불고기 나베	167
방어와 새우 해물탕 나베	171

400~500 Kcal

연어와 버섯 된장 버터 나베	45
달걀 크림 스튜 나베	55
마파두부 나베	59
순두부 나베	75
카레 간장 나베	77
양배추롤 나베	81
닭고기 우엉 나베	85
감자와 고기완자 토마토 나베	105
삼겹살과 배추 밀푀유 나베	111
당근 전골 나베	127
참마 나베	141

500~600 Kcal

양배추 당면 나베	99
양배추와 새우 치즈카레 나베	101
닭 완자 전골 나베	173

600~700 Kcal

함박스테이크와 토마토스파게티 나베	31
깨 두유 나베	39
기리탄포 전골 나베	91
감자탕 나베	107

700~ Kcal

탄탄 나베	79
치즈 크림 퐁듀 나베	163

RAKUCHIN! HITORI NABE
ⓒ TATSUMI PUBLISHING CO., LTD. 2014
Originally published in Japan in 2014 by TATSUMI PUBLISHING CO., LTD. TOKYO,
Korean translation rights arranged with TATSUMI PUBLISHING CO., LTD. TOKYO,
through TOHAN CORPORATION, TOKYO, and Botong Agency, SEOUL.

이 책의 한국어판 저작권은 Botong Agency를 통한 저작권자와의 독점 계약으로 윌컴퍼니가 소유합니다.
저작권법에 의해 한국 내에서 보호를 받는 저작물이므로 무단전재와 무단복제를 금합니다.

찬바람 불 땐, 나베 요리
쉽고 빠르고 건강한 나베 요리 레시피

초판 1쇄 발행 | 2016년 12월 1일
초판 2쇄 발행 | 2019년 10월 25일
지은이 | 이와사키 게이코
옮긴이 | 이소영
펴낸곳 | 윌스타일
펴낸이 | 김화수
출판등록 | 제2019-000052호
전   화 | 02-725-9597
팩   스 | 02-725-0312
이메일 | willcompanybook@naver.com
ISBN | 979-11-85676-34-0   13590

* 윌스타일(WILLSTYLE)은 윌컴퍼니(WILLCOMPANY)의 취미·실용 전문 브랜드입니다.

이 도서의 국립중앙도서관 출판예정도서목록(CIP)은 서지정보유통지원시스템 홈페이지
(http://seoji.nl.go.kr)와 국가자료공동목록시스템(http://www.nl.go.kr/kolisnet)에
서 이용하실 수 있습니다.(CIP제어번호: CIP2016027517)